AS CZARINAS

AS MULHERES QUE FIZERAM A RÚSSIA

AS CZARINAS

AS MULHERES QUE FIZERAM A RÚSSIA

VLADIMIR FEDOROVSKI

Tradução
CLÓVIS MARQUES

Prefácio
THAIZ CARVALHO SENNA e
EKATERINA VÓLKOVA AMÉRICO

Título original: *Les tsarines*

Copyright © 2000 by Editions du Rocher.

Direitos de edição da obra em língua portuguesa no Brasil adquiridos pela Agir, selo da EDITORA NOVA FRONTEIRA PARTICIPAÇÕES S.A. Todos os direitos reservados. Nenhuma parte desta obra pode ser apropriada e estocada em sistema de banco de dados ou processo similar, em qualquer forma ou meio, seja eletrônico, de fotocópia, gravação etc., sem a permissão do detentor do copirraite.

EDITORA NOVA FRONTEIRA PARTICIPAÇÕES S.A.
Rua Candelária, 60 — 7.º andar — Centro — 20091-020
Rio de Janeiro — RJ — Brasil
Tel.: (21) 3882-8200

Dados Internacionais de Catalogação na Publicação (CIP)
(Câmara Brasileira do Livro, SP, Brasil)

Fedorovski, Vladimir
    As czarinas: as mulheres que fizeram a Rússia / Vladimir Fedorovski; tradução Clóvis Marques. – 1. ed. – Rio de Janeiro: Agir, 2021.
    208 p.

Título original: Les Tsarines
ISBN 978-65-5837-061-1

1. Mulheres na política. 2. Rússia – História. 3. Rússia – Política e governo. I. Título.

21-70717   CDD-947

Índices para catálogo sistemático:
1. Rússia: História 947
Aline Graziele Benitez – Bibliotecária – CRB-1/3129

Agradecimentos

Este livro não existiria sem uma amizade que reflete as especiais afinidades existentes entre a França e a Rússia.

Gostaria de expressar minha profunda gratidão a Isabelle de Tredern, que, com sua paixão visceral pela Rússia, me acompanhou neste trabalho, como sempre.

Meus agradecimentos também a meu editor Jean-Paul Bertrand e seus colaboradores, especialmente Caroline Sers, por sua confiança e benevolência.

Não esqueço em meus pensamentos os escritores do meu país que me conduziram à aventura da escrita, Valentin Kataiev e Boulat Okoudjava.

Quero agradecer particularmente aos colaboradores do Arquivo de Estado da Federação Russa, que me permitiram usar seu acervo.

Obrigado, por fim, a Marie-Claude e Georges Vladut, Olga Solheid e Anne Leppert, aos colaboradores do jornal *Notícias de Moscou*, especialmente a Viktor Lochak e sua esposa, Marina, assim como a Olga Matinenko.

Sumário

Prefácio, 9

Prelúdio, 15
A primeira czarina, 17
A falsa czarina, 33
A época dos Romanov, 45
A mãe de Pedro, o Grande, 49
Sofia toma o poder, 55
As mulheres de Pedro, o Grande, 65
O século das imperatrizes, 85
Quando um embaixador francês quase reinou na Rússia, 93
A arte de ser avó, 105
Os amores da esfinge russa, 109
A conselheira secreta de Alexandre II, 125
Alexandra Feodorovna ou o enigma da última czarina, 135
A inspiradora secreta de Brejnev, 155
A imperatriz da Perestroika, 163
A filha do czar Bóris, 191

Anexo, 201
Bibliografia, 205

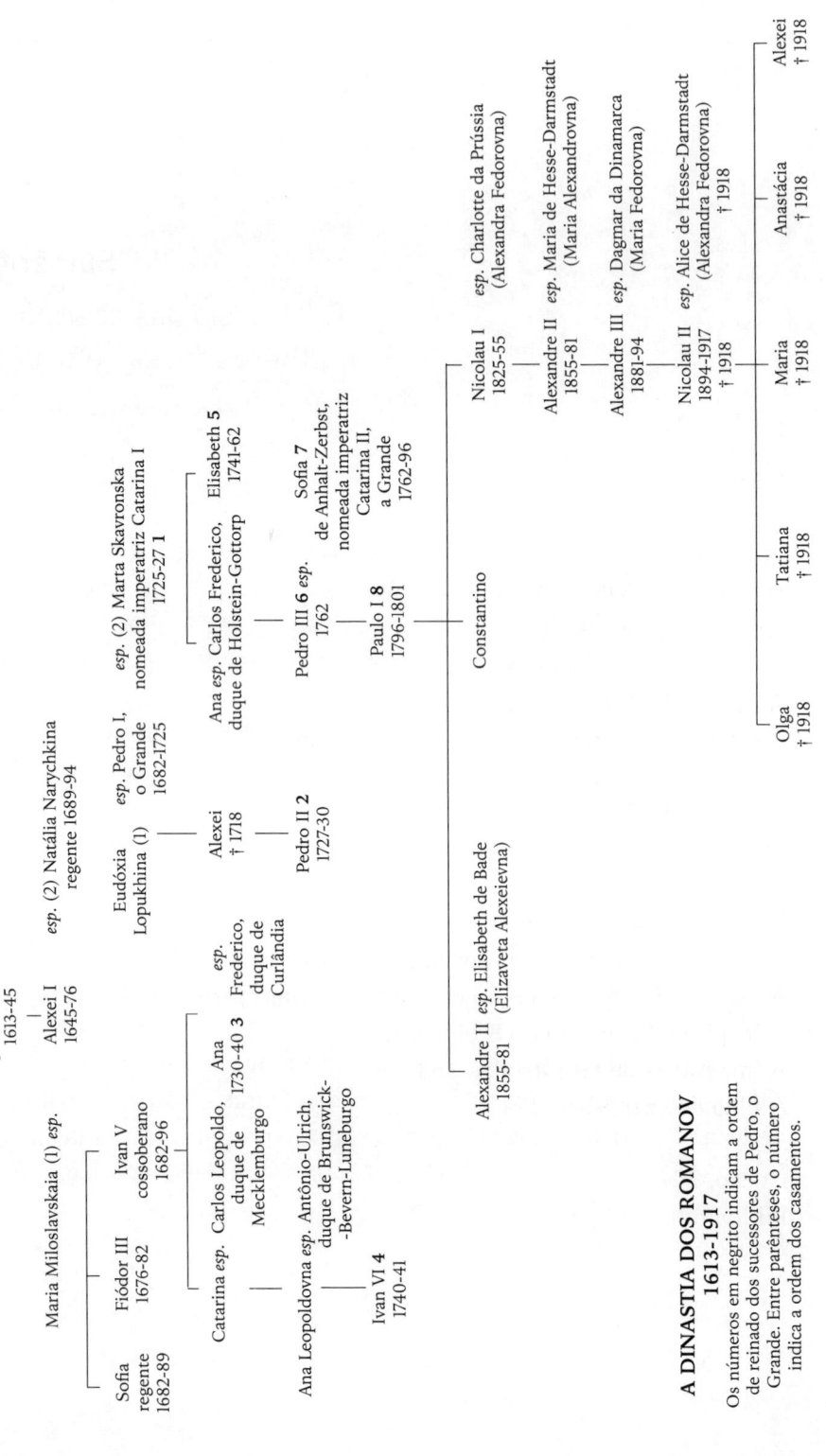

A DINASTIA DOS ROMANOV
1613-1917

Os números em negrito indicam a ordem de reinado dos sucessores de Pedro, o Grande. Entre parênteses, o número indica a ordem dos casamentos.

Prefácio

A Rússia das czarinas: mulheres russas e poder

O livro *As czarinas: As mulheres que fizeram a Rússia* é um dos best-sellers de Vladimir Fedorovski, escritor e historiador de origem russo-ucraniana radicado na França. Nele, o autor propõe uma visão diferente da história da Rússia: não pelos nomes e feitos dos seus terríveis czares e grandes imperadores, mas pela atuação das mulheres que de alguma forma estavam relacionadas ao poder. A história das czarinas russas, repleta de rivalidades, conspirações, traições e até mesmo crimes e assassinatos é de fato fascinante. Como houve tantas e tão poderosas czarinas em um país tão conservador em relação às mulheres?

Na verdade, as mulheres exercem poder político na Rússia desde os tempos da Rus — como eram chamadas as terras dos antigos principados russos até o século XV —, quando era costume que viúvas fossem regentes de seus filhos menores ou de seus maridos, quando eles estavam ausentes. Antes das czarinas regentes, houve também uma considerada impostora: a polonesa Marina Mniszek que, seduzida por um homem que se dizia príncipe, Dimitri, herdeiro legítimo de Ivan, o Terrível, concordou em casar-se com ele caso conquistasse as terras russas. Será que Marina sabia que o seu amante era um impostor e o verdadeiro príncipe Dimitri fora assassinado ainda criança? Seja como for, em 1605 o falso Dimitri tomou Moscou e Marina foi coroada como czarina, ainda que por pouco tempo: no ano seguinte ele foi assassinado. No entanto, em seu lugar surgiu outro impostor, que dizia ser o mesmo czar Dimitri, e Marina foi obrigada a viver com ele.

Depois da derrota do segundo falso Dimitri e da execução do seu filho de apenas três anos por ser um possível pretendente ao trono, Marina faleceu, mas antes, como reza a lenda, amaldiçoou toda a família dos Romanov, cujo longo reinado acabara de começar.

O mais famoso dos Romanov foi o imperador Pedro, o Grande. No entanto, antes de conseguir o trono, ele teve que enfrentar a própria irmã, Sofia. Enquanto seus dois irmãos, Ivan e Pedro, eram pequenos, ela tomou para si o título de regente e, posteriormente, de autocrata, entre 1682 e 1689, até que Pedro, quando crescido, a tirasse do poder, exilando-a em um convento — destino de muitas das mulheres poderosas da corte, malquistas por homens ainda mais poderosos que elas.

Todavia, a história das czarinas russas enquanto governantes oficiais começa com Catarina I, segunda esposa do imperador Pedro, o Grande — czar responsável pela modernização e europeização da Rússia e pela construção da nova capital do país, a bela e majestosa São Petersburgo. Pedro I realizou uma reforma que abria brechas para que mulheres pudessem governar: um decreto, em 1722, dizia que cada imperador deveria escolher seu próprio herdeiro. Quando ele faleceu, entretanto, não deixou orientações sobre seu próprio sucessor. Acabou por ocupar o lugar do grande czar alguém que seria por muitos motivos impensável a esse lugar político: uma mulher, estrangeira, de origem camponesa (e não parte da nobreza boiarda) e, inicialmente, amante de Pedro I.

Após a morte de Catarina I, o trono passou para o neto de Pedro, o Grande, intitulado Pedro II, mas que faleceu precocemente, em 1730. O Alto Conselho, vendo uma oportunidade de quebrar a cadeia de governantes demasiadamente autoritários, oferece o trono a Ana Ivanovna, sobrinha de Pedro, o Grande. A condição para o aceite era, porém, que ela assinasse uma carta em que concordava com uma função apenas ilustrativa, deixando o poder de fato com os ministros. Ana, cumprindo um papel socialmente feminino, aceita o lugar acessório. Ao chegar à Rússia, entretanto, não faz jus nem à suposta submissão feminina, nem ao acordo com os ministros: rasga a carta, dissolve o Alto Conselho e perpetua a tradição absolutista. O reinado de Ana destacou-se pelo favoritismo (muitas vezes quem governava e tomava decisões de fato era o seu amante, Biron), magníficos bailes e festas marcadas por excentricidades como, por exemplo, a construção de um palácio de gelo para a diversão da Corte.

Uma das mais conhecidas czarinas, Elisabeth, é filha de Pedro I. Ela chega ao poder em 1741, ao depor outra mulher — Ana Leopoldovna, sua prima e czarina regente. Ela governava em nome de seu filho, Ivan VI, de apenas 1 ano, e depois ambos foram presos em calabouços.

Apoiada pela nobreza russa tradicional, a czarina governou por mais de vinte anos conforme a tradição ocidentalista imposta por seu pai, renovando-a, ao combinar os privilégios da antiga nobreza russa (ao invés de estrangeira, como era o período anterior) com certa modernização para a elite. Ela promoveu as artes, a ciência e o ensino superior e, em 1755, fundou a Universidade de Moscou.

A mais famosa de todas, Catarina II, atuava como tradutora, ensaísta, escritora e dramaturga, apesar de ser frequentemente criticada por seu russo precário: afinal, foi para ela, uma princesa austríaca, uma língua estrangeira. Ela chega ao poder com apoio do exército e por meio de um golpe contra seu marido, morto poucos dias depois, sendo ela proclamada por diversas facções como "autocrata de toda a Rússia". Catarina II foi excepcional nas relações internacionais. Expandiu a Rússia, venceu guerras e manteve seu império entre as grandes potências. Além disso, como consequência da europeização do país e da participação ativa de Catarina na vida política e cultural russa, todo o paradigma dos papéis reservados tradicionalmente às mulheres foi alterado: não só a própria Imperatriz, como outras mulheres da corte se destacavam na esfera cultural. Assim, Ekaterina Dachkova, além de deixar valiosas memórias, tornou-se a primeira mulher no mundo a ocupar, em São Petersburgo, o posto da diretora da Academia das Ciências. Tal escolha se deu não apenas pela capacidade administrativa de Dachkova, mas também para afirmar sobre as capacidades intelectuais das mulheres. Em 1764, abre, em São Petersburgo, o Instituto Smolny para moças da aristocracia — a primeira instituição escolar estatal de que mulheres poderiam participar, ainda que apenas as nobres. Quando Catarina II morre, seu filho, Pavel, assume e, em 1797, publica uma nova lei de sucessão, que proibia novamente as mulheres de herdar a coroa.

O novo culto à domesticidade então instaurado só teria fim em nível estatal após as Revoluções de Outubro. Com elas e a criação da URSS, a situação das mulheres parecia mudar. A revolucionária Alexandra Kollontai foi designada como Comissária do Povo (cargo equivalente ao de Ministra) e sua atividade em defesa dos direitos e das liberdades das mulheres foi, de fato, notável. O mesmo pode ser dito sobre Nadiêjda Krúpskaia, cuja contribuição para o sistema educacional soviético foi de suma importância. Ambas fizeram pressão para fosse criado um departamento que lidasse com a questão feminina no partido e no Estado — o Jenotdel (1919-1930). Mas, infelizmente, nos anos seguintes, a misoginia profunda instalou-se de vez na sociedade soviética, com raríssimas exceções — como Ekaterina Furtseva, primeira mulher a integrar o Birô Político e a ocupar o posto de ministra da Cultura da URSS.

Como vimos, não eram sempre as governantes ou czarinas as únicas a ter poder. Pela função de aconselhamento, por exemplo, várias delas se tornaram conselheiras políticas ou mesmo regentes. É por esse viés que Fedorovski ousadamente aponta a filha de Bóris Yeltsin que, além de aconselhar seu pai, fazia jus ao sistema capitalista ao criar riqueza própria, nem sempre legalizada. É também nesse sentido que aponta Raíssa Gorbatchev como uma "czarina soviética". A escolha justamente da última primeira-dama da URSS, e não das anteriores, se dá porque Raíssa atuava na vida política do país de forma ativa. Ao contrário das primeiras-damas que eram postas à sombra dos seus cônjuges, ela era uma assessora onipotente do marido, Mikhail Gorbatchev, e se destacava inclusive pelos trajes sempre alinhados com as últimas tendências da moda. Raíssa estudou filosofia na Universidade de Moscou (a mesma fundada pela czarina Elisabeth) e continuou a lecionar até o momento em que Gorbatchev foi eleito secretário-geral do Partido Comunista da União Soviética. Depois disso, ela passa a dedicar-se a atividades beneficentes, mesmo depois do fim da URSS — demonstrando uma herança centenária não exatamente bolchevique, mas das organizações feministas nascidas dos movimentos liberais de meados do século XIX. Como mostra Fedorovski, essa foi também a postura de diversas czarinas, as quais, apesar de não exercer diretamente o poder, faziam-no indiretamente. Por outro lado, tal como ocorreu com as mulheres na URSS (mesmo as que lutaram com rifles e tanques durante a Segunda Guerra), a imagem de Gorbatchev para o mundo era a da defensora da paz, atividade que lhe rendeu diversos prêmios. Quando os homens poderosos da URSS sentiam que ela dava sinais de poder sobre o marido ou o Estado, tentavam tolhê-la, como também fizeram com outras mulheres poderosas e czarinas no passado: por meio da calúnia sexista — inclusive colocando-a como parte das causas para o fim da União Soviética.

Em suma, as mulheres russas por vezes circulam em torno do poder ou mesmo chegam perto dele — mas, fora casos excepcionais, nunca tão perto quanto os homens. E quando alcançam o poder, são poucas as que buscam ou conseguem propor políticas favoráveis às próprias mulheres. Após Raíssa Gorbatchev, trinta anos atrás, a nenhuma foi permitido chegar tão perto do governo do país. Será que a história das mulheres poderosas que fizeram a Rússia teria acabado? Ou será que, no futuro, mais uma vez elas conquistarão aquilo que lhes é sempre negado?

Thaiz Carvalho Senna e Ekaterina Vólkova Américo

BIBLIOGRAFIA

BATISTA, Érika. *Os cursos superiores Bestujev e seu impacto na formação de escritoras russas* in Ciclo de Palestras Voprós — Gênero, sexualidade e minorias étnicas na Rússia e União Soviética. 1 set. 2020. Org.: GT Rússia e URSS — Centro de Estudos Asiáticos da UFF. Disponível em: https://www.youtube.com/watch?v=glRgndeh3XA&t=5s. Acesso em: 13 jan. 2020.

CLEMENTS, Barbara. *A history of women in Russia* — from earliest times to the present. Indiana: Indiana University Press, 2012.

FRATE, Rafel. *Louvando as três imperatrizes: Poder e poesia na Rússia de Ana Ioânovna*. Estado da Arte. 2019. Disponível em: https://estadodaarte.estadao.com.br/louvando-as-tres-imperatrizes-poder-e-polemica-literaria-na-corte-de-elizabeth-petrovna/. Acesso em: 28 jun. 2021.

_____. *Louvando as três imperatrizes: poder e polêmica literária na corte de Elizabeth Petrovna*. Estado da Arte. 2020. Disponível em: https://estadodaarte.estadao.com.br/louvando-as-tres-imperatrizes-poder-

-e-polemica-literaria-na-corte-de-elizabeth-petrovna/. Acesso em: 28 jun. 2021.

SCHNEIDER, Graziela (org.). *A Revolução das Mulheres*. São Paulo: Boitempo, 2017.

SEGRILLO, Angelo. *Europa ou Ásia?* São Paulo: Prismas, 2016.

Prelúdio

As czarinas... Este título me remete a tempos passados.

Em 1985, minha função diplomática me levava com frequência ao Kremlin. As construções antigas do palácio refletem perfeitamente o temperamento russo. Uma arquitetura que se ergue sem a menor preocupação com a simetria; tons de verde, azul, amarelo e vermelho misturam-se alegremente, realçando ângulos e facetas.

Quando entrei no palácio para comparecer a uma recepção, uma multidão de convidados já tomava a escadaria monumental. O estrépito de uma banda militar encobria as conversas com movimentos sonoros de ritmos solenes. Ainda sentindo a gelada temperatura invernal, eu acabava de pôr os pés no tapete vermelho da escadaria quando alguém sussurrou no meu ouvido: "Aí está nossa nova czarina..."

Nesse momento, Mikhail Gorbachev e sua mulher entraram no salão. Saltaram-me aos olhos os gestos de atenção recíproca do casal. Gorbachev precisava tocar na esposa o tempo todo. O contato aparentemente o tranquilizava ante a hostilidade do mundo.

Mais tarde, ele explicaria o gesto com uma imagem, evocando um sonho da sra. Gorbachev na época em que se casaram. Mikhail e Raíssa estavam no fundo de um poço, de onde tentavam sair ajudando-se um ao outro. Com as mãos ensanguentadas, a dor era insuportável. Raíssa acabou se soltando, e Mikhail a agarrou no último instante. No fim, os dois conseguiram sair do "buraco negro". Abriu-se então à sua frente um caminho reto, puro e claro, em meio a uma floresta; o horizonte parecia se dissolver num enorme sol. Enquanto fugiam de mãos dadas, sombras negras começaram a persegui-los...

Através do destino de Raíssa Gorbachev, tentaremos decifrar o enigma da Perestroika, a primeira revolução não violenta do século XX, que levou ao fim a Guerra Fria e o comunismo.

Melhor que ninguém, a sra. Gorbachev evidenciava o papel do sexo feminino nas ambíguas relações da gestão dos assuntos de Estado.

Na Rússia, a influência feminina na política se enraizou numa incrível tradição histórica, transformando-se em verdadeiro fenômeno da civilização. Assim, os russos passaram a chamar essas mulheres influentes de "czarinas", mesmo quando não têm nenhuma relação com a família imperial.

Essa influência chegou ao auge no século XVIII, quando cinco imperatrizes reinaram no país, fato único na história mundial. O século XIX traçaria um novo perfil dessas mulheres excepcionais: o triunfo das conselheiras que, da sombra, empurravam os homens para a frente do palco e ao mesmo tempo continuavam a desempenhar seu papel de inspiradoras secretas. O século XX conferiria reflexos inesperados ao nosso relato, pois os dirigentes políticos russos, especialmente Gorbachev e Yeltsin, teriam cada um a "sua czarina". Mas por que essa influência foi tão determinante na Rússia? A personalidade e o temperamento dos czares e das czarinas desempenharam um papel capital e às vezes fatal, pois se tratavam de autocratas e monarcas absolutos. Suas ambições pessoais e fraquezas psicológicas estarão no centro desta narrativa, ajudando-nos a entender os caminhos e imprevistos da história do país. Paixão, traição, conflitos impiedosos, recusa de enfrentar a realidade — todos os ingredientes dos grandes dramas estarão aqui presentes. Novos arquivos secretos e depoimentos inéditos, sobretudo a respeito dos últimos anos, vão conferir facetas inesperadas à narrativa.

A primeira czarina

Na década de 80 do século XV, Basílio III, pai de Ivan, o Terrível, ainda era adolescente quando sua mãe, Sofia Paleóloga, resolveu casá-lo.

Os sinos das catedrais do Kremlin dobraram sonoros, os boiardos chegavam de toda parte. Avançando em formação cerrada, eles obedeciam a uma hierarquia e a uma etiqueta extremamente rigorosas. Os mais poderosos vinham à frente dos menos afortunados. O passo de cada fileira dependia do seu grau de influência. Do primeiro ao último, a postura se transformava, do majestoso ao vacilante.

Obedecendo à tradição dos príncipes da Moscóvia, a grã-duquesa Sofia escolheu entre os boiardos os mensageiros que enviaria aos grandes senhores para encontrar uma esposa digna do filho.

O país inteiro entrou em efervescência. Houve jovens pretendentes ou pais que não hesitaram em recorrer à feitiçaria ou a venenos mortais para se livrar das rivais. Não era pouco o que estava em jogo.

Logo chegariam a Moscou centenas de jovens acompanhadas dos pais, cada comitiva mais esplendorosa que a outra. As pretendentes ostentavam os tecidos mais luxuosos, as joias mais raras. A população se acotovelava na praça do Kremlin, tentando ver aquela que se tornaria sua soberana. Comentava-se a imponência do cortejo, o porte dos cavalos. Sob o céu azul da primavera, os homens sonhavam com outros lugares, novas conquistas. As mocinhas se imaginavam no lugar das princesas, as mulheres se lembravam do próprio casamento e sorriam para os maridos. As *babushkas* imploravam ao Senhor para que a paz prevalecesse no reino.

Nos portões da cidade, as crianças empoleiradas nas árvores anunciavam a chegada dos cortejos, gritando: "Mais três *troikas*, e a dez verstas pelo menos mais seis!" Os curiosos aplaudiam os cavaleiros portando o estandarte de cada feudo, tocavam-nos, abençoavam e faziam perguntas sobre suas províncias. Às vezes ficava difícil se entender, tão variados eram os sotaques e as línguas. À frente do longo cortejo, dois cavaleiros usando chapéus pontudos guarnecidos de peles abriam caminho. Um deles usava uma capa prateada de raposa aberta sobre um cafetã vermelho como seus cabelos e barba bem-aparados. Vinha do Volga e montava um cavalo baio de marca frontal tão bem delineada que parecia ter um diamante entre os olhos. O outro homem usava um longo capote negro forrado de zibelina. O sabre preso à cintura por uma corda vermelha e dourada batia no flanco esquerdo da montaria ao ritmo do seu passo. As carruagens pareciam enormes arcas de couro ornamentado, verdes, laranjas ou rubras. Pelas pequenas janelas que protegiam do frio da primavera nascente, mal dava para ver os rostos dos passageiros, para grande contrariedade dos moscovitas.

As pretendentes e suas famílias foram recebidas pelos boiardos no pátio do palácio e levadas a seus aposentos. Maravilhados, os convidados percorriam com os olhos as paredes abobadadas cobertas de iluminuras, as ricas tapeçarias e caxemiras do oriente. Sobre uma mesa haviam sido dispostos vasos com narcisos e bandejas de ouro com os mais variados tipos de *zakuskis* e iguarias. Um samovar fumegante e pequenas cumbucas com álcool de trigo aguardavam os convivas. Não havia apenas esta bebida comum, antepassada distante da vodca, mas também aguardentes coloridas com frutos selvagens do Norte, pimenta, limão ou mel, como a famosa *medovukha*, bebida favorita dos príncipes da Moscóvia, semelhante ao hidromel.

No dia seguinte deu-se a apresentação. Com seus rendilhados de pérolas e pedrarias, os vestidos das mocinhas reluziam. Certos brocados de ouro representavam cavalos, pássaros ou árvores fantásticas características das regiões do Norte. As moças do Ural usavam blusas de cetim com rendas douradas de motivo floral. Seus *sarafans*, as túnicas tradicionais, eram fechados com uma infinidade de botões de pedras preciosas. Os botões desempenhavam um papel importante na ornamentação do vestuário, às vezes custando mais caro que todo o conjunto. As pedras preciosas tinham significado simbólico. A esmeralda era considerada a pedra da sabedoria, a safira "revelava a tradição e afastava o medo", o rubi era "médico do coração e do cérebro". Para não ser morto, o guerreiro enfeitava sua arma com um diamante. Dos ornamentos da mulher nobre também fazia parte o *kokoshnik*, diadema decorado com esmalte e pérolas. Pingentes espiralados e adornados com pedras preciosas e pérolas desciam por suas têmporas até os ombros. Os brincos de dois ou três pingentes eram um dos enfeites favoritos.

O pai ou irmão de cada princesa fazia o elogio da pretendente, chegando alguns a mencionar as riquezas da família. Durante o banquete que se seguia a essa longa apresentação, Basílio, sedutor e amante dos prazeres, podia observar tranquilamente as mocinhas.

No dia seguinte, transcorria o "ritual de banhos" do *terem*. O *terem* era um lugar reservado às mulheres, como o gineceu greco-romano ou o harém muçulmano. Foi onde se banhou Salomônia, jovem de origem russo-tártara de uma família de boiardos de Suzdal. Encantado, Basílio imediatamente manifestou o desejo de casar com ela.

Sofia Paleóloga queria para o filho uma princesa de beleza extraordinária, capaz de mantê-lo no Kremlin. E seu desejo se realizava. Salomônia só tinha um defeito: gostava de equitação, proibida às mulheres dos *terems*.

O casamento, entretanto, não foi feliz. Não demorou para que a jovem se tornasse alvo dos ataques dos boiardos, que a acusavam de não respeitar as tradições. E ela sofria sobretudo por não ter filhos, apesar do intenso amor do marido.

Foi quando o poderoso príncipe Glinski da Lituânia ofereceu à Moscóvia a cidade de Smolensk, de grande importância estratégica por estar situada no centro da Rússia, com a condição de que Basílio esposasse em segundas núpcias sua sobrinha Helena.

Basílio III foi se aconselhar com o arcebispo, que se mostrou categórico: o príncipe devia aceitar a proposta. A política levou a melhor sobre a religião e os laços sagrados do matrimônio. Ao receber a notícia, Salomônia previu desgraças sem fim para o marido. Preocupado, ele foi consultar três velhos monges do mosteiro da Trindade-São Sérgio. O veredito dos três sábios foi enfático: se Basílio repudiasse Salomônia e voltasse a se casar, o filho dessa nova união faria tremer o mundo com sua ferocidade. Basílio resolveu ignorar a advertência e despachou Salomônia para passar o resto dos seus dias no convento de Suzdal, de onde ela desapareceria pouco depois. Monges e viajantes contaram ter visto a antiga princesa mendigando nas estradas inundadas do outono.

Foi assim que Basílio III casou com a sentimental, frívola e intrigante Helena Glinski, que logo traria ao mundo um menino. A morte prematura de Basílio deu origem aos rumores mais desvairados. Os Glinski caíram sob suspeita de terem dado um empurrãozinho no destino. Além do mais, a atitude da viúva realmente estimulava as mais sombrias acusações. A mãe de Helena também era acusada dos piores excessos com os três jovens criados que dormiam no seu quarto. Circulavam também boatos de que teria sido vista em noites de lua cheia arrancando o coração de cadáveres de inimigos para mandar macerá-los em água contaminada, que era em seguida borrifada nas paredes das casas daqueles cuja morte ela desejava. A mais grave acusação dizia respeito à morte de seus muitos amantes, que ela mandava jogar no rio Moscovo, do alto de uma torre do Kremlin.

Para concretizar a profecia dos três monges, os excessos do pequeno Ivan começaram a se manifestar na mais tenra idade. E devemos reconhecer que boa escola não lhe faltava... Já aos cinco anos ele sentia um prazer perverso em atirar animais do alto das torres, e gostava também de torturá-los, arrancando asas das moscas, jogando nos formigueiros o óleo destinado às lamparinas que iluminavam os ícones, para em seguida atear fogo. Quando perdia num jogo, podia mandar executar os vencedores. Mas sua diversão favorita era soltar um urso furioso na multidão para contemplar com prazer maligno a cor do sangue e sentir cheiro de carne humana.

A morte de uma mulher mais uma vez mudaria o destino da Rússia. Helena Glinski morreu envenenada, deixando o filho Ivan sozinho, sob a tutela das duas grandes famílias de boiardos, os Chuiski e os Belski. Os dois clãs não hesitavam em se entregar a acertos de contas sanguinários na presença do menino, para tomar o poder. E assim o medo, flagelo que sempre ronda os tiranos, se apropriou da alma do jovem príncipe para nunca mais deixá-la. Dali em diante, seu cérebro de criança teria apenas uma ideia fixa: se livrar da onipresença dos boiardos.

Ivan escreveria mais tarde: "Lembro-me de como os boiardos, especialmente o primeiro boiardo, se comportavam comigo e meu irmão menor Iuri e nos mantiveram em terrível pobreza, nos impedindo de matar a fome."

A sensualidade precoce de Ivan aos 12 anos causou vários incidentes, tendo como vítimas as criadas do *terem*. O primeiro boiardo recebeu um relatório detalhado sobre o comportamento do jovem príncipe. "A criada", dizia o relator, "se queixa de que sua saia e seu sutiã foram rasgados, ela ficou sem uma manga; seu cinto ficou imprestável. Além disso, seu pescoço, seu peito, seus joelhos e suas coxas estão cobertos de hematomas. Virgem, ela estava para casar com um capitão, mas após o estupro corre o risco de continuar solteira, sendo obrigada a entrar para um convento..."

Na adolescência, Ivan gostava de cavalgar por uma Rússia devastada há três séculos pelas invasões tártaras, em companhia dos que lhe eram mais devotados na corte. Às vezes, parava nos mosteiros isolados em meio à neve e entrava em debates teológicos com os monges. Da mesma maneira, também mergulhava nas orgias mais desenfreadas. Até que, repentinamente, o adolescente selvagem e violento se transformou. Começou a estudar, leu a *História romana*, as crônicas russas, os padres da Igreja, meditou sobre as Santas Escrituras, a Bíblia, os Evangelhos, os livros de liturgia de capas vermelhas incrustadas de pedras duras, ônix, sárdios, ágatas, berilos, águas-marinhas, lápis-lazúlis e sobretudo esmeraldas. Apesar do temperamento violento, ele demonstrava incrível sensibilidade. Desde os 14 anos Ivan evidenciou-se um talento literário unanimemente reconhecido. A beleza da sua linguagem, o caráter inesperado de suas alegorias fizeram dele um dos maiores escritores da época, e sem dúvida o mais eminente estilista dentre todos os monarcas russos.

Em 1547, quatro anos depois de lançar aos cães o primeiro boiardo, Ivan foi sagrado czar (do latim *caesar*). Com esta sagração, Ivan, o Terrível, faria de sua esposa a primeira czarina da Rússia. O epíteto popular *grozny*, traduzido de forma ambígua nas línguas ocidentais como "terrível", na verdade expressa mais um sentimento de admiração, referindo-se ao poder do soberano. Seria mais oportuno, assim, nomeá-lo "o temível" ou mesmo "o turbulento".

Ivan declarou aos boiardos submetidos que queria iniciar uma nova era do poder supremo e não levaria mais em conta os títulos ou privilégios em vigor.

Os diplomatas russos não ignoravam que a adoção de um novo título era regida por regras rigorosas, e assim preferiram, para evitar complicações, dar um tempo antes de informar os Estados estrangeiros sobre a coroação de Ivan IV. No momento da sagração, o futuro czar confirmou seu talento literário, escrevendo a lenda segundo a qual o colar, o cetro, o globo e a *chapka* que estava para receber eram atributos legados pelo imperador Constantino Monômaco ao neto, o príncipe Vladimir, que os teria guardado até a chegada de um herdeiro digno do príncipe bizantino. Segundo a etiqueta, os czares só poderiam usar a *chapka* de Monômaco uma vez na vida, no dia da coroação. Nas demais ocasiões solenes, cada um teria sua própria coroa como aparato. A célebre *chapka* bordada de zibelina era uma obra artesanal oriental composta de oito plaquetas de ouro cinzelado representando flores de lótus.

Feito czar, Ivan quis casar-se. Diz a crônica que ele se dirigiu ao arcebispo nos seguintes termos: "Minha primeira intenção foi buscar uma noiva em outros reinos, mas depois de pensar muito, desisti da ideia. Privado dos meus pais desde a primeira infância e criado como órfão, talvez meu temperamento não combine com o de uma estrangeira, e nesse caso será que a vida conjugal me traria felicidade? Desejo encontrar uma noiva na Rússia..."

O czar decidia assim romper com a tradição familiar, pois seu avô desposara a grega Sofia Paleóloga, e seu pai, a lituana Helena Glinski. Essa decisão, como explicou em sua *História* o famoso opositor político de Ivan, o príncipe Kurbski, não podia deixar de agradar aos partidários de uma volta ao passado distante: "Na excelente linhagem dos príncipes russos, o diabo plantou maus costumes, particularmente por meio das esposas conhecedoras de feitiçaria, sobretudo as que vinham do exterior." Kurbski se referia, naturalmente, à avó e à mãe de Ivan.

O ritual de escolha da primeira czarina se desenrolou de acordo com a tradição ancestral, e foi organizado pela avó de Ivan, Ana Glinski. Mais de quinhentas candidatas chegaram de todas as regiões da Rússia. Uma nova igreja foi construída. Não comportando todo esse tropel de mocinhas, o *terem* foi ampliado, sendo providenciadas novas casas de banho com amplas janelas de vidro de Veneza. Nos banhos do Kremlin, as candidatas se apresentavam completamente nuas. Ivan apreciava o espetáculo ao lado da avó. Entre as jovens beldades se encontrava Anastácia Romanova. (Miguel, um dos seus parentes, fundaria mais tarde a dinastia dos Romanov.)

Com grandes olhos verdes, levemente puxados, rosto moreno perfeitamente oval, um corpo de Diana, Anastácia encantou Ivan. O casamento foi de um fausto sem precedente.

A ternura das relações entre o primeiro czar e a primeira czarina, baseadas no respeito mútuo, não correspondia às normas da época, antes lembrando uma época anterior. Com efeito, no início da Idade Média as mulheres russas viviam em pé de igualdade com o homem, muitas administrando seus domínios ou participando das guerras ao lado dos maridos. O próprio folclore russo dá conta da existência dessas mulheres poderosas, temíveis guerreiras. A invasão do país pelos mongóis no século XIII e a influência da religião bizantina aos poucos fizeram a mulher perder sua autonomia e seus direitos. Considerada no século XV uma criatura impura, e, portanto, inferior ao homem, ela foi isolada no *terem*. Nesse espaço, ela era submetida à força do marido, e mesmo de seus amigos, pois era normal que o marido "emprestasse ou alugasse" os encantos de sua mulher. A Igreja autorizava o marido a açoitar a esposa, "moderadamente e pelo seu bem", e se viesse a matá-la, o crime era julgado com indulgência.

Ivan amava ardentemente sua mulher. A doce e virtuosa Anastácia o tornara mais humano, mais compreensivo. Muitas vezes ele se encontrava nos aposentos da esposa com o padre Silvestre, pope da catedral do Kremlin, que ensinava e contava o Evangelho à czarina. Não demorou para que o soberano o fizesse seu conselheiro íntimo. Ele também tinha como amigo um fidalguete do Kremlin, Adachev. Os dois conselheiros conversavam com frequência com o jovem czar, inspirando-lhe medidas de clemência e reformas audaciosas. Teve então início o período mais brilhante do reinado de Ivan IV.

Nos anos seguintes, ele alcançou numerosas vitórias sobre os tártaros e estendeu o reino para leste e sudeste. Paralelamente, empreendeu notável trabalho de organização administrativa e judicial. Infelizmente, esse período de paz e prosperidade não durou. Com frequência cada vez maior, os conselheiros Silvestre e Adachev brigavam com os parentes de Anastácia, que queriam ocupar as mais altas funções, sem que tivessem competência para tal. A 7 de agosto de 1560, durante uma discussão com Adachev, a czarina sucumbiu a uma crise de apoplexia. Levada para seus aposentos, morreria sem chegar a recobrar a consciência. Ivan vivera 13 anos com sua querida Anastácia, os dois haviam tido seis filhos. Arrasado, ele mandou acender centenas de velas; ficou dias seguidos em estado de completa prostração. Os pesados portões de seu palácio permaneciam fechados. Quando Adachev foi visitá-lo, ele gritou: "Vá para o diabo que o carregue, não quero mais vê-lo, assassino!"

O temperamento autoritário do czar se fez sentir de novo, seu comportamento mudou radicalmente. Mal foi sepultada a czarina, ele começou a insultar os boiardos, ameaçando fazer rolar suas cabeças na praça Vermelha. A partir daí, sua sensibilidade e imaginação caprichosa pareciam impedir qualquer ato racional da sua parte. Tomado como nunca por medo e desconfiança, ele enxergava conspirações em toda parte e começou a impor um reino de terror. Em carta ao príncipe Kurbski, Ivan declarava: "Os conselheiros tomaram meu poder e governaram a seu bel-prazer, me afastando da administração do Estado." Ele acusava Silvestre e Adachev de terem matado sua "jovem beldade". "Quantas desgraças não sofri por vocês, quantas humilhações, quantas ofensas! Por que me separaram da minha esposa?", repetia. Ivan não tinha motivo algum para desconfiar que os amigos tivessem envenenado Anastácia. Provavelmente, procurava apenas um pretexto para a repressão contra os boiardos.

O czar foi buscar conforto nos braços de uma bela caucasiana de origem cabardina, Maria Temriukovna. Com uma longa trança negra caindo pelas costas, Maria tinha um rosto moreno e coberto de manchas de rubor, um nariz reto e fino, olhos negros e sobrancelhas negras; os cabelos, secos e ásperos, eram levemente cacheados. Ao vê-la pela primeira vez num *sarafan* de seda amarelo-ouro, ele disse: "Ela é digna de um pintor, e até de um pintor de ícones." Mas o fato, como atestam as crônicas da época, é que o czar nunca mais teria uma relação conjugal como a que tivera com Anastácia. Seu humor se tornou cada vez mais imprevisível.

A 3 de dezembro de 1564, os moscovitas viram inúmeras carroças entrando no pátio do Kremlin. Na noite seguinte, Ivan, o Terrível, deixava Moscou acompanhado da família, com destino desconhecido. Uma onda de pânico varreu a capital, as lojas foram fechadas, os padeiros pararam de fazer pão, o povo chorou. Três dias depois da partida do czar, um mensageiro levou ao arcebispo e aos boiardos uma carta em que Ivan anunciava que pretendia se estabelecer numa aldeia perto de Moscou. Precedidos pelo arcebispo, milhares de moscovitas se dirigiram para lá em procissão, para implorar ao soberano que voltasse. O arcebispo encontrou Ivan orando numa cabana miserável. "Darei minha resposta dentro de alguns dias", limitou-se a dizer. Dias depois, com efeito, chegava uma mensagem a Moscou pedindo ao arcebispo, aos boiardos e aos nobres que assinassem uma declaração solene dando carta branca ao czar "para combater a traição".

Dias depois, Ivan retornava ao Kremlin com poderes de autocrata. Tomado pela mania de perseguição, ele não teria mais sossego. Assaltado por pesadelos e alucinações, não conseguia mais entrar na catedral do Kremlin sem ver cabeças cortadas no caminho.

Para se proteger dos seus demônios, o czar criou então uma polícia pessoal, a *Opríchnina*. E se retirou do Kremlin, passando a viver com seus "fiéis" num bairro da cidade próximo do convento de Novodevichy. Seus filhos Ivan e Fiódor o acompanharam. Abandonada no *terem*, a czarina praticamente não recebeu mais visitas do marido. Adotando um comportamento execrável com Maria, Ivan satisfazia seus apetites carnais em banquetes que quase sempre terminavam em orgias organizadas pelos companheiros da *Opríchnina*.

Os quase dez mil homens da polícia secreta do czar se vestiam de negro da cabeça aos pés. Os arreios dos cavalos também eram negros. Numa flâmula presa à sela eram bordadas uma vassoura e uma cabeça de cão. Eram os atributos da função, que consistia em farejar os opositores, como cães, e varrê-los. Essa estranha polícia se comportava com rara selvageria: torturava, estuprava mulheres, saqueava comerciantes e incendiava os estabelecimentos daqueles que se recusassem a pagar o dízimo cobrado pelos *oprichniks*. Em outras épocas, pais e maridos se orgulhariam de ter belas esposas e lindas filhas. Mas agora sua obsessão era escondê-las.

"Os paralelos históricos são sempre arriscados", dizia Stalin. Mas não podemos deixar de comparar a época da *Opríchnina* do período 1565-1572 à época do "grande terror" de 1935-1938. Ivan podia ter optado por reformas, mas escolheu a *Opríchnina* para aniquilar as quatro grandes famílias principescas de Suzdal que se opunham à sua política. Exatamente como Stalin, decretou os expurgos para assumir um poder absoluto, até então limitado pelos velhos bolcheviques. Além disso, nos dois casos o terror se seguiu à morte das respectivas esposas dos dois tiranos.

E, por sinal, a morte da segunda esposa, em 1571, daria início a um novo período do reinado de Ivan, o Terrível.

Concluída a tradicional apresentação das noivas (com a participação de cerca de duas mil jovens), o czar escolheu uma loura de olhos azuis, Marfa Sobakina. Quinze dias depois das núpcias, ela morreria.

Essa morte, no mínimo inesperada, ocasionou nova onda de terror. Desconfiando que sua própria polícia causara a morte de Marfa, o czar começou a duvidar da sua utilidade. E, de fato, só os homens da *Opríchnina* podiam entrar no seu quartel-general do subúrbio de Alexandrov, onde a esposa morreu.

A partir daí, a vida amorosa de Ivan resvalou para uma devassidão sem limites. Ele começou a colecionar conquistas femininas, o que não o impediria mais tarde de ostentar uma ligação com seu favorito Basmanov, filho de um grande boiardo e o grande organizador das orgias do bairro de Alexandrov.

Após a morte das duas últimas mulheres por envenenamento, o concílio autorizou Ivan a contrair um quarto casamento em 1572, com Ana Koltovskaia. Três anos depois, contudo, o czar despachou Ana para terminar seus dias num mosteiro; sem mais se casar, depois disso ele viveria sucessivamente com Ana Vassilchikova e Vassilissa Melentieva. Ao repudiar Ana Koltovskaia, Ivan limitou-se a dizer: "Você emagreceu, não gosto de mulher magra..."

Dentre as diversas esposas efêmeras, Maria Dolgorukaia teve o grande infortúnio de gerar dúvidas quanto à sua virgindade. No dia seguinte à cerimônia de casamento, Ivan mandou atrelar a uma caleche dois cavalos bem alimentados com aveia inchada com cerveja, em seguida convidando a jovem esposa a se acomodar para um passeio. Sem se sentar a seu lado, desejou-lhe um bom passeio em tom sarcástico e chicoteou com violência os animais. O veículo disparou por algumas centenas de metros em velocidade infernal e foi mergulhar num lago, afogando a infeliz esposa e seus corcéis desembestados.

Na época, o soberano chegou a pensar em sair do país e se refugiar no exterior. Depois de cortejar longamente a irmã do rei da Polônia, Sigismundo II, ele propôs casamento a Elizabeth I da Inglaterra. Mas esta, informada do destino normalmente reservado às esposas do czar, preferiu recusar. E outros motivos não faltavam: ela era filha de Henrique VIII e Ana Bolena, decapitada a mando do marido ciumento. A correspondência de Ivan com a rainha terminou num incidente. Contrariado com a resposta de Elizabeth ao seu pedido de garantia de refúgio na Inglaterra, ele escreveu: "Você não passa de uma mulher; seus mujiques fazem de você o que bem entenderem; e eu cuspo em você e no seu palácio..." Em 1580, as derrotas na Livônia obrigaram Ivan a retomar relações com Elizabeth, que chegou a lhe propor a mão de sua sobrinha, Mary Astings. Mas a união não se concretizou, e nesse mesmo ano o czar viria a casar pela sétima vez, com Maria Nagaia, com quem logo teria um filho, Dimitri.

Em janeiro de 1581, sobreveio um drama no *terem* da mulher do czaréviche Ivan. Impaciente, o czar entrara nesse *terem* num dia de grande festa. A czarevna, na época grávida, ainda estava de roupão e sem maquiagem. Louco de raiva, Ivan, o Terrível, começou a dar pontapés na barriga da nora. Atraído pelos gritos da mulher, o czaréviche acorreu e se interpôs entre os dois. Furioso, Ivan bateu com o cetro na cabeça do filho, que caiu morto. Os contemporâneos, entre eles o inglês Jerome Gorsey, que então vivia em Moscou, apresentaram versões diferentes do crime, reproduzidas por pintores, escritores e historiadores conforme o gosto de cada um. O quadro de Ilia Repin, uma das obras-primas da Galeria Tretiakov, em Moscou, mostra um Ivan alucinado, tendo nos braços o filho que tanto amava. O czaréviche apresenta um ferimento na têmpora e o cetro está caído no chão.

Anos antes, Ivan escrevera a Kurbski: "Lembre-se do maior dos czares, Constantino; lembre-se de que, em nome do reino, ele matou o próprio filho e apesar disso está entre os santos..."

Essa morte viria a se tornar um dos grandes mitos da história russa: o czar devia manter-se impiedoso, mesmo com os próprios filhos. Assim é que Pedro, o Grande, mandaria executar o filho Alexei, e Stalin deixaria seu filho Jacó morrer nas masmorras hitleristas, recusando a proposta dos alemães de trocá-lo pelo marechal Paulus:

"Não vou trocar um marechal por um tenente", cortou o montanhês do Kremlin, ignorando os laços de sangue.

Na noite do drama, Ivan, desesperado, subiu ao campanário da catedral de São Basílio acompanhado do filho menor, Fiódor, e tocou ele próprio o sino. Depois de tentar se atirar lá embaixo, desmaiou.

Morto Ivan Ivanovich, o herdeiro legítimo era Fiódor, filho de Anastácia, que, no entanto, era um "simplório, pouco apto para as questões políticas e extremamente supersticioso". Restava assim Dimitri, filho de Maria Nagaia.

Eliminando o filho mais velho, Ivan expunha a Rússia ao risco da anarquia, a "Grande Anarquia" da história russa, que teria início no século XVII. Dez anos haveriam de se passar até que o destino do czaréviche Dimitri abalasse a Rússia.

A 19 de março de 1584, logo ao acordar Ivan lançou mão das pedras preciosas às quais atribuía poderes benéficos e começou a esfregá-las com as mãos. À tarde, apesar do extremo cansaço, redigiu seu testamento: "… Meu corpo está doente, meu espírito está doente. As feridas da minha alma e da minha carne aumentam a cada dia; e não há um médico para me curar! Em vão esperei alguém que pudesse compartilhar do meu sofrimento; ninguém apareceu. Ninguém... Sequer um consolador... Todos me retribuíram com o mal o bem que lhes fiz... Todos. Não existe justiça neste mundo; nem os czares podem encontrá-la junto a seus súditos e servidores…"

Com essas palavras, Ivan, o Terrível, exprimia a solidão do czar e da czarina, apesar do poder absoluto, ante a perfídia e a hostilidade dos boiardos; um isolamento que lhe causava um medo incontrolável dos longos corredores vazios, dos porões, dos subterrâneos e até do amplo pátio do palácio.

No testamento estava prevista a partilha dos bens do czar, incluído até o par de sapatos um dia presenteado por Elizabeth I, que era legado ao escudeiro.

Um único homem, talvez, conquistara a confiança do soberano pouco antes do seu fim: Bóris Godunov, um dos seus *oprichniks*. Ivan mandou chamá-lo para jogar xadrez. Nessa última partida, três vezes o rei caiu sobre o tabuleiro sem motivo aparente. O czar se levantou, dizendo querer beber álcool de trigo; de repente, começou a cambalear e acabou caindo nos braços de Bóris Godunov. Tinha 54 anos.

Na véspera, Ivan manifestara o desejo de ser levado a São Basílio. Queria mais uma vez contemplar a insólita igreja, encimada por cúpulas de formas diferentes e cores vivas, e cuja arquitetura interior revelava pequenas guaritas e capelas numa ou noutra curva de corredor, escadas ocultas, janelas dos mais diferentes formatos. De repente, sua visão turvou-se e ele pediu para ir embora.

No ambiente familiar dos compartimentos abobadados do Kremlin, recobertos de cenas religiosas, o czar aos poucos conseguiu repousar. Dirigindo o olhar ao dossel de madeira esculpida adornado de esmaltes com as armas das províncias, murmurou: "Tantas províncias reunidas..." Para quem iriam essas riquezas, se ele não tinha mais herdeiro digno do trono?

Ivan IV, dito o Terrível, havia expirado. Morreu no exato momento em que o sol primaveril penetrava no céu incandescente e o verde exuberante das florestas se recobria de uma escuridão que contrastava fortemente com a luz do céu. Uma paisagem escura, como os traços de caráter do czar torturado, e luminosa, como a lembrança dos anos que passara junto à doce Anastácia; a primeira czarina da Rússia.

Fiódor subiu ao trono. O infeliz herdava um país arruinado, corroído pelos conflitos externos. O povo o apelidara de "tocador de sinos". Pouco afeito às questões de Estado, o novo czar era um homem doce e humilde que se esforçara por esquecer os crimes do pai. Refugiando-se nos campanários, gostava de falar com os pombos e as cegonhas.

Pela primeira vez na Rússia, o monarca não governava. Um Conselho de Regência foi nomeado para dirigir o Estado. Bóris Godunov, primeiro boiardo, era quem efetivamente tomava as decisões do poder, à sombra de Fiódor. Esses anos de regência representaram uma pausa de calmaria para o país.

A morte de Fiódor I, em janeiro de 1598, ao fim de 14 anos de reinado, e o advento de Bóris Godunov, czar "eleito", coincidiram com o período de guerras, incertezas e enfraquecimento do poder que os russos chamam de "Tempo de Dificuldades". Todas as nações enfrentaram períodos assim em sua história, mas, no caso da Rússia, eles alimentaram medos e fantasmas que em certos casos perduram até hoje. O surgimento de falsos czares e falsas czarinas vem a ser uma das manifestações mais surpreendentes desse fenômeno.

Imortalizado pela tragédia de Púchkin e pela ópera de Mussorgski, Bóris Godunov foi descrito pelo diplomata inglês Jerome Gorsey da seguinte maneira: "De aparência agradável, bonito, afável, interessado por magia negra, ele tem quarenta e cinco anos; carece de instrução mas tem a mente viva, o dom da eloquência, e controla bem a voz; é ardiloso, muito impulsivo, rancoroso, pouco dado ao luxo, moderado nos hábitos alimentares, mas gosta cerimônias; oferece luxuosas recepções aos estrangeiros e ricos presentes aos soberanos de outros países." Segundo as crônicas, cada ato de Bóris Godunov tinha como objetivo favorecer seus interesses pessoais, seu próprio enriquecimento, o fortalecimento do seu poder ou a promoção da sua linhagem.

Mas o czar "eleito" não tinha sangue real; carecia de legitimidade. Bóris Godunov era um personagem estranho. De grande inteligência, não julgou necessário aprender a ler e escrever. Assinava os atos oficiais rabiscando algo parecido com um pássaro (*gudum*, em tártaro, significa cotovia). De origem tártara, tinha casado com a filha do chefe da *Opríchnina* para fazer carreira política. Ainda na época de regente, decidira casar a irmã com Fiódor, para consolidar sua situação valendo-se da czarina.

Como exigia o costume, ele tinha organizado a grande cerimônia de apresentação das candidatas ao casamento, mas o pobre Fiódor, tímido, se recusou a comparecer. Em entendimento com o arcebispo Jó, Bóris Godunov então declarou tranquilamente, em nome de Fiódor, que o czar tinha escolhido sua irmã.

O casamento foi celebrado na catedral do Kremlin. A czarina passou a morar no seu *terem*, onde o marido nunca foi vê-la. Aos vinte e cinco anos, Fiódor continuava se comportando como uma criança, tocando os sinos e se entregando a travessuras pueris: trocava as fechaduras das portas, retirava o metal das janelas do Palácio das Facetas, escondia a própria coroa num depósito de feno e não a encontrava mais para receber os estrangeiros. Quando ele morreu, Bóris Godunov, em sua condição de primeiro boiardo, convocou o *sobor*, a assembleia geral dos boiardos, para a eleição de um novo czar, e o patriarca Jó apresentou a candidatura de Bóris. Após uma grandiosa cerimônia na catedral do Kremlin, a multidão guiada pelo patriarca se dirigiu para o convento de Novodevichy, aonde a czarina, irmã de Godunov, se havia retirado depois de viúva. Policiais armados de porretes marchavam atrás da multidão. Os peregrinos tinham recebido ordem de cair de joelhos diante do convento, de se lamentar, começar a chorar e gritar, para demonstrar seu afeto à czarina. Os que não obedeceram foram espancados até que se decidissem a gemer e chorar. O patriarca então fez uma entrada solene no convento e, apontando para a multidão, se dirigiu à czarina: "Veja o teu povo! Ele implora que te pronuncies ante o *sobor*, exigindo que eleja czar teu irmão Bóris..."

Depois dessa cena cuidadosamente orquestrada, a czarina falou ao *sobor*, que elegeu Bóris Godunov czar de todas as Rússias.

Mal terminou a cerimônia de coroação na catedral de Uspiênie — ainda mais suntuosa que a da coroação de Ivan IV —, os boiardos e a grande nobreza já fomentavam toda uma série de conspirações. Os conjurados, sobretudo os Chuiski e os Romanov, não aceitavam as origens tártaras do novo czar; também o acusavam de ter mandado assassinar o czaréviche Dimitri, último filho de Ivan, o Terrível — o único pretendente legítimo ao trono da Rússia, cuja mãe, Maria Nagaia, vivia no exílio em Uglitch. A atmosfera no Kremlin tornou-se sufocante, e assim Godunov tomou a decisão de expulsar os conspiradores do país.

Bóris Godunov talvez pudesse ter superado os golpes do destino se não tivesse chegado a Moscou em 1604 uma notícia terrível: destacamentos poloneses, ucranianos e cossacos acabavam de atravessar o Dnieper, tendo à frente um homem que se dizia o czaréviche Dimitri. Ele afirmava ter escapado aos soldados enviados por Bóris Godunov a Uglitch para assassiná-lo e pretendia tomar seu lugar de "czar legítimo de todas as Rússias"...

Estava para começar a maior farsa da História...

A falsa czarina

No centro da Polônia, uma menina brincava com seu cão. Ao fundo se via uma enorme residência senhorial com uma grande torre quadrada.

A pequena Marina era filha do conde Mniszek. Sua mãe morrera e sua irmã havia casado. Muitas vezes, em seus passeios solitários, ela perguntava a seu cão: "Você acha que um dia vou conhecer um príncipe encantado? Como gostaria de adivinhar o futuro...!" Anos depois, o conde Mniszek levou a filha ao cartomante do rei Sigismundo III, em Varsóvia. Um destino fora do comum foi previsto para ela, além de honrarias e fortuna para o pai.

Na noite do dia seguinte, o cortejo antecedido por archotes do príncipe Wichnevetski, tio de Marina, chegou à frente do castelo da jovem. Ela notou a presença de um estranho, Grigori Otrepiev, entre os integrantes do séquito.

Ela não deixou de ficar sensibilizada com as amabilidades desse servidor, muito embora seu comportamento lhe parecesse estranho para um criado. Contudo, quando Grigori declarou sua paixão, pedindo sem rodeios a sua mão, ela ficou indignada. Teria essa rejeição influído no momento em que, reiterando o pedido por escrito, ele assinou a declaração de amor com as enigmáticas palavras "Dimitri Czaréviche"?

Marina não tinha segredos com o pai, e lhe falou da carta e do nome do signatário. Apesar de espantado, o conde recebeu a notícia com interesse.

E se esse Grigori estivesse dizendo a verdade? Poderia ser interessante não rechaçá-lo. Coberto de dívidas e carente de escrúpulos, Mniszek estava disposto a tudo. E recomendou à filha que refletisse...

Quem seria então esse rapaz?

No início do século XVII, as crônicas de Kiev falavam de um monge de altura mediana, com um rosto redondo de maçãs salientes. De cabelos ruivos, expressão tímida no rosto, um ar de tristeza, seu aspecto exterior não refletia nem sua natureza nem sua inteligência. Ele tinha um temperamento muito animado e se entusiasmava com facilidade. Grigori era letrado. Vinha do prestigioso mosteiro de Chudov, na Rússia, onde se fizera notar pela inteligência brilhante, o talento de orador e o senso da diplomacia. Diziam que descendia de uma família da pequena nobreza que vivia há séculos no centro do país e que se fizera monge com o nome de Grigori após a morte prematura do pai. Sua carreira monástica fora fulgurante. Inicialmente criado de um monge, do arquimandrita e depois diácono, ele acabou sendo vinculado à corte do patriarca. Essa formidável ascensão ocorreu em apenas um ano graças a seus dons fora do comum: "Ele assimilava em um mês o que para outros levava uma vida inteira."

Grigori certamente poderia ter ambicionado uma longa e brilhante carreira eclesiástica, mas o espetáculo do país mergulhado na instabilidade política causada pela doença de Bóris Godunov, a devastação provocada pela fome, as epidemias e os crimes ocorridos naquele "Tempo de Dificuldades" o levaram a pensar que seu destino era outro. E assim foi que a vida de Grigori resvalou por caminhos sinuosos na direção da impostura.

Ele voltou a ser visto em Kiev, e em seguida entrou em contato com os cossacos zaporogos, na época sob o jugo dos poloneses. Antes de entrar para o serviço do tio de Marina, Grigori passou pela corte do príncipe Ostrojski, ardoroso defensor da ortodoxia, ferozmente oposto à união das igrejas. Esse príncipe mandara um dia expulsar os monges que haviam abandonado as ordens religiosas de que faziam parte e que encontravam refúgio nos centros do arianismo. A seita de Ário, também conhecida como seita dos Irmãos Poloneses, desempenharia um papel importante na Reforma na Polônia. Os partidários do arianismo rejeitavam o dogma da Santíssima Trindade e exigiam respeito incondicional à liberdade de consciência. Formado nessa "educação polonesa liberal", Dimitri ofereceu seus serviços ao cunhado do conde Mniszek...

Por enquanto, Marina ainda não estava apaixonada por esse czaréviche providencial, sem consciência dos interesses em jogo. Seu pai tratou, então, de convencê-la:

— Se Grigori conseguisse chegar ao trono da Rússia com a ajuda dos poloneses, as vantagens que tiraríamos da situação seriam inestimáveis!

Dando tempo para que a filha refletisse, o conde Mniszek tratou de apresentar "Dimitri czaréviche" ao rei Sigismundo III. O núncio papal e os jesuítas assistiram à audiência, desejosos de favorecer as intenções do pretendente ao trono russo. Varsóvia não o apoiava sozinha, pois os boiardos da Rússia, hostis ao czar centralizador Bóris Godunov, também buscavam um homem providencial disposto a defender seus interesses. O falso Dimitri, portanto, foi "cozinhado em forno polonês mas sovado em Moscou", para usar as palavras do historiador russo Kliuchevski.

Nesse contexto, Marina acabou aceitando a perspectiva de um casamento com o falso Dimitri. Grigori-Dimitri se prodigalizou então em promessas: fingindo atender aos jesuítas, com a concordância em se converter ao catolicismo, ele jurou ceder ao rei da Polônia os territórios ocidentais da Rússia e se comprometeu até a apoiar seu candidato ao trono da Suécia. Dimitri, então, garantiu ao futuro sogro que apagaria todas as suas dívidas; este foi, aliás, foi o único juramento que cumpriu.

Em *Bóris Godunov*, Púchkin nos mostra Dimitri confessando à noiva Marina que não é o czaréviche: "Foi a sombra do Terrível que me nomeou Dimitri e me adotou como filho..."

Ao que tudo indica, o verdadeiro Dimitri estava morto, mas em sua biografia do falso Dimitri, Prosper Mérimée enumera uma série de pontos obscuros e contraditórios: "Em que convento seria possível encontrar monges capazes de matar ursos com um único golpe de lança ou de comandar um ataque de um esquadrão de hussardos?" Mérimée também frisa que o impostor conhecia a língua polonesa, além de suas notáveis qualidades de cavaleiro e sua audácia.

A 13 de outubro de 1604, à frente de uma tropa de mil e quinhentos homens, formada por cossacos aguerridos e mercenários, o falso Dimitri atravessou a fronteira russa e logo deu início ao seu avanço. Marina prometera encontrá-lo assim que ele tomasse a capital. A notícia deixou Bóris Godunov profundamente alarmado, e ele decretou mobilização geral.

Homem de espírito teatral, Dimitri organizou sua chegada a Moscou de maneira espetacular. Para começar, pediu que "sua mãe" fosse ao seu encontro. A viúva de Ivan, o Terrível, Maria Nagoia, se tornara religiosa, com o nome de Marfa. Fingiu reconhecer o filho, desempenhando seu papel à perfeição. Teria se prestado a essa manipulação para se vingar das humilhações sofridas depois da morte do marido? Evidentemente, Maria-Marfa se vingava. Durante o reinado do falso Dimitri, ela voltou a viver no Kremlin, no *terem* reservado às czarinas herdeiras.

Dimitri marchou junto à carruagem da mãe até Moscou. A entrada na cidade foi triunfal. Para a população em festa, a volta do czar "legítimo" era um verdadeiro milagre. Um gigantesco capitel fora erguido à beira do Moscovo. Foi ali, com os cabelos e o bigode cuidadosamente penteados, trajando uma túnica cor-de-rosa e calças bufantes azuis, que o falso Dimitri recebeu a gente do povo e os representantes das corporações. Durante essa cerimônia tradicional, ganhou muitos presentes — sedas e joias de ouro e prata. Em seguida, fez uma entrada solene no Kremlin pela porta do Salvador e se dirigiu à catedral de São Miguel Arcanjo, para se recolher diante do túmulo de Ivan. Lá fora, os cossacos chegados do Don, do Ural e do Volga se ajoelharam. O som das trombetas se misturava às orações de louvor entoadas pelo coro da catedral, enquanto as flâmulas do clero ondulavam ao vento.

Pouco depois, Dimitri mandou transferir os despojos de Bóris Godunov para junto dos corpos da mulher e do filho, estrangulados dias antes na "Casa dos Pobres", um convento do centro da Rússia onde se haviam refugiado.

Enquanto isso, o cortejo de Marina deixava a Polônia. Nesse mês de abril, os primeiros sinais da primavera se faziam notar nos brotos cheios de seiva. As noites ainda eram frias, e sob o tímido sol da manhã se ouvia o surdo entrechocar-se dos blocos de gelo levados pela corrente dos rios. As campânulas-brancas davam lugar às prímulas na relva fresca; a natureza, como os homens, despertava de longa hibernação.

Dimitri providenciara uma parada para repouso da noiva num mosteiro russo. A população achou que a pausa fora organizada para que a futura czarina se convertesse à religião ortodoxa. Mas não, Marina queria manter-se fiel ao catolicismo. E por sinal o próprio Dimitri, apesar da promessa aos jesuítas, tampouco se convertera.

Finalmente, Marina chegou a Moscou a 2 de maio, orgulhosa como nunca: reinaria agora sobre o imenso território... Na esplanada do Kremlin, ficou maravilhada com o mais esplêndido conjunto de palácios, igrejas e mosteiros. Para ela, tudo aquilo não se parecia com nenhum estilo conhecido. Não era o estilo gótico de Varsóvia, nem o bizantino, mas simplesmente o estilo moscovita. Nunca uma arquitetura tão livre e original concretizara os caprichos de sua imaginação com tanta fantasia diante dos seus olhos.

O destino russo de Marina seria assim tão caprichoso?

O talento para a encenação do falso Dimitri e de Marina chegou ao auge dias depois, quando ele atravessou Moscou em sua montaria branca de arreios completamente cobertos de pedras preciosas. Usava um traje tecido com fios de ouro e toda a sua guarda ofereceu ao povo uma impressionante demonstração de exuberância indumentária russa, à qual os poloneses acresciam o refinamento da elegância ocidental. Os habitantes da capital não ficaram impressionados sobretudo com a aparência da noiva real, mas com seu imenso cortejo, armado até os dentes, com ares de verdadeira provocação. Tudo aquilo de fato se parecia com uma invasão estrangeira; uma horda de soldados que se comportavam como se estivessem num país conquistado, importunando as pessoas e até saqueando o comércio.

O casamento, seguido da sagração, se deu a 8 de maio de 1606.

O czaréviche, usando um cafetã azul bordado a ouro, esperava a futura esposa na sala do trono. E ficou maravilhado com sua beleza. Ela trazia um véu à polonesa sobre os cabelos trançados com cordões de ouro; o vestido de estilo russo era ornamentado com pedras preciosas em tal quantidade que mal dava para distinguir sua cor.

Os autores do século passado gostavam de se referir a Marina Mniszek como uma mocinha ruiva de olhos verdes e silhueta longa e esbelta, mas as crônicas da época a representavam morena e baixa, com grandes olhos castanhos. Se por um lado Prosper Mérimée afirmava que "ela se destacava entre as mulheres do seu país por sua graça e beleza", o historiador polonês Pawel Jasienica esclareceria: "Marina se distinguia por um tipo de beleza pouco atraente: era uma mulher fria, ambiciosa, mais implacável que o pior dos usurários." E por sua vez Alexandre Púchkin escrevia nas páginas ardentes de *Bóris Godunov*: "Não pode haver rainha mais bela que uma jovem polonesa."

A cerimônia de casamento teve início com a troca de anéis e, em seguida, Marina, conduzida pelo pai, foi convidada a ocupar seu trono. O grande escudeiro trouxe então a cruz, a coroa, o diadema e o colar para serem beijados pelo casal.

Os sinos começaram a tocar, convidando os noivos a entrar na catedral da Assunção. O arcipreste depositou os atributos sagrados numa bandeja de ouro entalhado, cobriu-os com um véu e ergueu a bandeja acima da cabeça até chegar ao lugar santo. Atrás dele, Marina e Dimitri avançavam solenemente, seguidos por um príncipe que levava o cetro e um boiardo conduzindo o globo imperial.

Na catedral, o casal foi beijar os ícones e relíquias. Mesmo na ponta dos pés, Marina não alcançava os mais altos, e foi necessário que trouxessem uma banqueta para se cumprir o ritual. O patriarca passou o colar no pescoço da jovem e mostrou ao público o diadema que delicadamente pousaria na sua testa. Ela achou que ia desabar ao peso de todos esses atributos, que se somava ao peso do traje.

Em seguida, o patriarca ungiu com mirra sagrada a testa, as bochechas, a palma e o dorso das mãos do czar e da czarina; os noivos beberam da mesma taça. Finalmente, a cerimônia terminava. A liturgia ortodoxa havia durado horas, e os poloneses, cansados de permanecer em pé, tinham pedido cadeiras — gesto de desrespeito ao protocolo que causou indignação entre os russos.

Os sinos se misturaram ao coro na saudação à saída dos recém-casados. Lá fora, escurecera. No céu negro, estrelas límpidas brilhavam com uma luz viva e persistente. A multidão aclamou seus soberanos e as comemorações prosseguiram até de manhã em toda a cidade.

No dia seguinte, Marina recebeu o esposo em seu pavilhão de banho; os dois conversaram longamente, inebriados com os vapores de eucalipto. Na conversa, Marina se surpreendeu apreciando aquele homem ao qual ligara seu destino. E dessa vez, quando ele se aproximou, não o rechaçou...

Dimitri começou a governar de maneira inusitada. Contrariando o costume, ainda não visitara as salas de tortura. O novo czar nada tinha da terrível crueldade de Ivan. Segundo o historiador Kliuchevski,

Dimitri superava inclusive Pedro, o Grande, cujas "reformas audaciosas e leve capa de cultura ocidental eram recobertas pela mais autêntica das barbáries".

Marina, por sua vez, transformou o modo de vida dos soberanos russos; o casal não dormia mais depois das refeições e procurava com frequência os banhos, lugar privilegiado de seus encontros amorosos. O falso czar e a falsa czarina haviam alterado o caráter medieval das relações dos Grandes do Kremlin com seus servidores. Mostravam-se ao mesmo tempo distantes e acessíveis aos últimos dentre os súditos.

Dimitri visitava os artesãos com frequência para conhecer melhor seu comércio e descobrir maneiras de estimular as artes e ofícios. Em uma carta aos moscovitas, declarou que queria que seu reino fosse livre, acrescentando: "Pretendo enriquecer meu país por meio do comércio." Os cronistas ingleses se apressaram a revelar essas excelentes disposições, insistindo no fato de que até então nenhum soberano europeu concedera tão ampla liberdade ao povo!

O czar queria manter-se informado de tudo que acontecia nas chancelarias e fazia visitas inesperadas às instituições administrativas, percorrendo seus arquivos; todos os dias comparecia à Duma para controlar, pessoalmente, os negócios de Estado. E também fazia questão, como chefe competente e informado, de comandar pessoalmente os exercícios militares.

Mas o prestígio do casal não durou muito. Eles passaram a ser recriminados por não usarem formas de tratamento mais íntimas com os boiardos. A pedido de Marina, Dimitri não usava barba nem bigode e se recusava a beber vinho de trigo. Ele raramente ia à igreja e tampouco observava jejuns prolongados. Em compensação, sentia profunda simpatia pelo Vaticano e pelos católicos. Depois de nomear um novo arcebispo, Filareto Romanov, um ex-boiardo outrora exilado por Bóris Godunov, Dimitri convocou a assembleia dos boiardos em sessão solene no Palácio das Facetas. "É necessário unir todas as Igrejas cristãs para combater os turcos e o islã", disse. Nesse discurso ecumênico, ele criticou o formalismo dogmático dos eclesiásticos russos. A fala não foi nada apreciada pela assembleia. Surgiu então um fenômeno de rejeição em relação ao casal, comparável ao que ocorreria quatro séculos depois com Mikhail Gorbachev e esposa.

Havia muitos poloneses estabelecidos em Moscou, e se tornaram cada vez mais frequentes e violentos os atritos com os russos. Os moscovitas começaram a se queixar ao czar.

Dimitri e Marina foram advertidos muitas vezes de que estava em andamento uma conspiração, mas com frequência em casos assim a vítima se mostra incrédula... "Conheço o meu reino; não tenho inimigos!", dizia o czar ao sogro, que insistia para que reforçasse as medidas de segurança.

O golpe de Estado dos boiardos começou ao alvorecer do dia 16 de maio de 1606. Os conspiradores espalharam o boato de uma invasão polonesa e entraram no Kremlin com os cossacos, a pretexto de defender a vida do czar. Nenhum documento foi encontrado até hoje confirmando alguma ajuda de Sigismundo III aos boiardos. Mas sabemos que Dimitri não cumprira as promessas feitas aos poloneses. Além disso, corria em Varsóvia o boato de que o soberano moscovita se preparava para atacar a Polônia para ocupar o trono.

As cento e cinquenta igrejas de Moscou deram o sinal de alarme: tropas comandadas por Vassili Chuiski, o chefe dos boiardos, entravam na cidade e se dirigiam para o Kremlin.

Alertados pelo clamor, Marina e Dimitri acorreram às janelas. Denunciando a impostura monárquica, soldados invadiram o palácio e forçaram a porta do quarto dos soberanos. De camisola, o sabre curvo de cossaco na mão, Dimitri conseguiu se desvencilhar dos atacantes e fugiu. Protegida por seu jovem escudeiro, que a defendeu até a morte, Marina só conseguiu se salvar por causa de seu sangue frio, oferecendo suas joias e todo o seu ouro aos que queriam matá-la. Ao pular pela janela, Dimitri quebrara uma perna. Tentando arrastar-se até o quartel de um regimento polonês, logo seria alcançado por um bando de insurretos que o espancaram até a morte aos pontapés e cacetadas, gritando perfidamente: "Os poloneses assassinam o czar!"

Seu corpo mutilado foi arrastado por Moscou e depois queimado. As cinzas foram postas numa bala de canhão disparada na direção de Varsóvia. Assim, o impostor retornava ao lugar de onde viera...

Os analistas atuais não gostam de considerar Grigori Otrepiev um simples impostor. Seu caso é mais complexo: primeiro, porque ele acreditava piamente no seu papel, e depois porque se revelou, como Gorbachev, um rei da ambiguidade, um campeão da linguagem dúbia.

E, por fim, porque se esforçou por governar a Rússia empregando métodos mais sutis que seus antecessores. "Existem duas maneiras de reinar", gostava de repetir Dimitri a Marina. "Com misericórdia e grandeza de alma ou derramando sangue. Prometi a Deus empregar a primeira..."

A chegada ao poder dos chefes dos boiardos, Chuiski, a 19 de maio de 1606, representou o início da "época polonesa". O Kremlin foi então ocupado durante vários anos pelos exércitos poloneses, que saquearam os tesouros históricos, destruíram casas e mataram habitantes de Moscou. O novo czar pagava ao chefe das tropas polonesas do Kremlin para protegê-lo, pois, ao contrário do falso Dimitri, soldado corajoso, tinha medo do barulho dos canhões e detestava cheiro de pólvora!

Apelidado como "czar crápula" pelo povo, Chuiski vivia obcecado com a ideia da volta de um novo falso czar. E não estava completamente errado... Claro que ele pusera fim à vida de Dimitri, mas as aventuras da falsa czarina prosseguiam.

Um ano depois, com efeito, um condenado foragido da prisão viria a se proclamar "Dimitri, escapado por milagre dos assassinos enviados pelos boiardos". Imediatamente o povo se apressou a aclamar esse segundo falso Dimitri: a impostura se tornara a somatização de uma insatisfação social. A partir daí, e até o fim do século XIX, a Rússia teria sempre os seus impostores; raros seriam os reinados em que não se manifestariam. O poeta russo Maximiliano Volochin expressou à perfeição essa ideia ao declarar, com o nome de Demetrius Imperator: "Foi quando me tornei legião..."

Encontrando fraca resistência das tropas moscovitas, o exército do novo falso Dimitri se instalou em Tuchino, às portas da capital russa, na primavera de 1608.

Existem várias versões sobre as origens do segundo falso Dimitri. De acordo com a mais verossímil, tratava-se de um lituano chamado Bogdanov, que — com apoio do rei Sigismundo III — conseguiu reunir um pequeno exército de mercenários das mais variadas origens e cossacos do Don, liderados por um atamã polonês, para se lançar à conquista do Kremlin.

Mais uma vez, as mulheres desempenharam um papel essencial em sua ascensão. Embora Marina e seu pai ainda estivessem no exílio moscovita, a segunda esposa do conde Mniszek participou ativamente da busca de um novo "homem providencial". Desse modo, o domínio dos Mniszek na Polônia passou a ser conhecido como uma fábrica de impostores.

Enquanto isso, Chuiski e Sigismundo III assinavam um tratado de paz pelo qual as duas partes se comprometiam a não interferir nas questões internas dos respectivos Estados. Moscou então libertou todos os prisioneiros feitos desde a derrubada de Dimitri. Entre eles estava Marina. Mas a caminho da Polônia ela foi sequestrada por um destacamento enviado pelo "marido", o segundo falso Dimitri.

Seu pai a vendera mais uma vez. Em troca, recebeu cem mil rublos e o feudo de Serversk, abrangendo nada menos que quatorze cidades. Não sem forte resistência, Marina concordou em reconhecer solenemente o "ladrão de cavalos" como seu marido, com a bênção do patriarca Filareto Romanov, que outro não era senão o pai do fundador da nova dinastia! A intervenção do alto clero dissipou as dúvidas que acaso restassem: Deus salvara o falso Dimitri das garras de Chuiski; o povo se embasbacava com o milagre...

Assim, graças a Marina, o "ladrão de cavalos" e "bandido de Tuchino" se tornou o novo "czar legítimo" e começou a reinar na parte meridional do país que reconhecera sua autoridade. Em Tuchino, ele instalou uma corte, uma assembleia, cobrou impostos, instituiu tribunais, exatamente como se não houvesse outro czar em Moscou. Mas uma coligação russa e sueca acabou por expulsá-lo, e ele seria morto em 1610. Marina foi entregue ao próprio destino, tanto pelo pai quanto pelo rei da Polônia. Impiedosamente perseguida pelos russos, ela encontrou refúgio junto a um chefe cossaco da Ucrânia e passou o resto da vida fugindo, até ser afinal capturada e encarcerada. Seu bebê de três anos e seu amante foram mortos diante dos seus olhos. Esquecida de todos, ela morreu de desespero no fundo de uma masmorra úmida.

Mas o nome de Marina voltou à cena política quando da eleição do primeiro dos Romanov. Em fevereiro de 1613, o *sobor* aprovou a seguinte moção: "A partir de agora nenhum estrangeiro ou filho de mãe não russa poderá ser eleito czar..." O rei Sigismundo, seu filho Ladislau e "o filho do ladrão e da polonesa" Marina Mniszek também eram excluídos, de uma vez por todas, da lista dos candidatos ao trono russo. "Quem mais senão Miguel Romanov?", exclamou a maioria. "Pois não é sobrinho do czar Fiódor, através da czarina Anastácia? Que Deus tenha em paz sua alma santa no paraíso! E não é ele sobrinho-neto do czar Ivan, que foi para junto de Deus pedir perdão por seus pecados? Deus que não nos mande ninguém mais senão Miguel Romanov. Precisamos lavar a vergonha de nossas escolhas imprudentes..."

A época dos Romanov

Naquela sexta-feira de quaresma, dia 19 de fevereiro de 1613, as cúpulas douradas encimadas por cruzes gregas emitiam reflexos transparentes e a luz do sol se concentrava numa estrela brilhante. Os sinos das catedrais do Kremlin, que tocavam há dias e dias, anunciaram a eleição do jovem Romanov.

A 11 de julho do mesmo ano, uma enorme multidão aclamava seu novo czar. Uma freira toda de negro, tendo na cabeça uma espécie de alqueire semelhante ao diadema de certas divindades mitríacas usado pelos eclesiásticos, subiu à tribuna com passo firme. Longas barbas de tecido crepe descem da sua cabeça em tiras flutuantes caindo sobre a ampla túnica. Era Marfa, a mãe de Miguel. Ela se ajoelhou e disse: "Eu te abençoo, meu filho, reine como um autêntico czar russo." Esquecendo a etiqueta da corte, o primeiro dos Romanov se abaixou para erguer a mãe, caindo de joelhos ele mesmo, sob o peso da rica vestimenta. O cetro e a *chapka* de Monômaco caíram no chão. Imediatamente, os boiardos formaram um círculo em torno do jovem czar: "Levanta", sussurrou o príncipe Mstislavski, "saiba que és czar e Marfa é tua escrava!" Os murmúrios indignados dos próximos não chegaram aos ouvidos da multidão, mas as testemunhas foram unânimes: "Esses incidentes tinham bastado para mostrar aos boiardos que o czar estaria sempre sob a influência da mãe, autoritária e cheia de astúcias..."

Com efeito, os boiardos não demoraram a entender que tinham de se dirigir não ao czar, mas a sua mãe, que o povo passaria a considerar a "verdadeira czarina".

A sagração foi seguida de um banquete. A mesa do czar era dominada por um cervo inteiro coroado pelos próprios chifres e acompanhado de molhos feitos com frutos silvestres. Ao longo dos séculos, muitos cozinheiros tentariam reconstituir os pratos que costumavam ornamentar a mesa imperial. Evocando certas composições dos pintores contemporâneos, o amarelo dos limões realçava o negrume do caviar prensado trazido de Astracã e se misturava às cores dos frutos e ao rosa inigualável do salmão marinado no leite.

Uma baixela de ouro acompanhava as taças de prata cinzelada. Com cenas bíblicas gravadas por artesãos do Cáucaso, seus motivos lembravam aos boiardos o inelutável julgamento de Deus. Mas eles não se importavam, e nem por isso deixavam de beber abundantemente.

Pois beber não era, segundo o grão-príncipe Vladimir de Kiev, "a alegria dos russos"? A sociabilidade tornava necessário beber, e na época ficar embriagado era uma característica essencial da hospitalidade. Os convivas bebiam taça após taça e as jogavam para trás por cima da cabeça para mostrar que estavam vazias. Se os convidados não voltassem para casa caindo de bêbados, a noite não fora um sucesso! Mas o czar Miguel tinha saúde frágil e não suportava muito bem tais excessos. Inválido desde cedo por uma paralisia parcial das pernas, ele aparecia cada vez menos nessas festividades.

Em 1618, foi assinada a paz entre a Rússia e a Polônia, sendo repatriados os prisioneiros russos. Entre eles estava o pai do czar, o patriarca Filareto Romanov. Apoiado por sua mulher, a freira Marfa, o velho autoritário logo se faria proclamar "czar nº 2" e patriarca de todas as Rússias.

Estranhas procissões começaram então a atravessar a Praça Vermelha: Filareto, em trajes sacerdotais, abria caminho, levando nas mãos o cetro imperial; atrás dele vinha Miguel, com a coroa, o gorro e o colarinho. Certo dia, uma rajada de vento levou o gorro e o colarinho: Filareto correu atrás dos atributos do poder supremo, agarrou-os avidamente e, entregando ao filho o chapéu imperial, levou o colarinho ao próprio pescoço! Miguel nada disse e, com as pernas vacilantes, seguiu caminho atrás do pai.

O czar cultivava sobretudo uma paixão por relógios, e enquanto Filareto presidia as reuniões dos boiardos, Miguel, a conselho da mãe, recebia comerciantes, diplomatas, mecânicos e engenheiros estrangeiros para apresentar-lhes, orgulhoso, seu "museu de relojoaria".

Em 1630, Filareto morreu e foi enterrado no Kremlin com todas as honras devidas a um czar. Mas Marfa estava de olho...

Uma terrível desgraça se abateu sobre o soberano: seus dois filhos mais velhos morreram em circunstâncias misteriosas. A partir de então Miguel se recusou a cuidar dos negócios de Estado. Cada vez mais enfraquecido, só se locomovia pelos pátios do Kremlin em sua cadeira de rodas, sempre cercado de uma infinidade de mendigos e simplórios. Em vão insistiram que mandasse investigar a morte dos filhos: "A vida e a morte de cada um está nas mãos de Deus", limitou-se a responder. De qualquer maneira, sua vida de família era determinada por sua mãe, a "czarina" Marfa. Em 1616, Miguel tomara como mulher a filha de um nobre sem fortuna, Maria Khlopova. Marfa fez de tudo para romper essa união. E assim, em 1624, o czar desposou Maria Dolgoruki, que morreria envenenada quatro anos depois. Só em 1626 Miguel encontrou esposa do agrado de todos, Eudóxia Strechneva, filha de um fidalguete. O casal teve dez filhos, dos quais só sobreviveram Alexei, Irina, Ana e Tatiana.

Miguel ofereceu a mão de sua filha Irina ao príncipe herdeiro da Dinamarca, mas a questão religiosa impediria o idílio. Em 1643, o príncipe Waldemar, filho de Christian IV, chegava a Moscou com um séquito de trezentas pessoas. Ao cabo de longas negociações, chegou-se a um acordo: Irina levaria como dote os principados de Suzdal e Iaroslav. Por receio de práticas de feitiçaria, o príncipe não recebeu nenhum retrato da noiva. Além do mais, os costumes moscovitas determinavam que o esposo estrangeiro visse a mulher pela primeira vez no quarto nupcial. Waldemar também era autorizado a manter sua fé protestante.

Em Moscou, no entanto, foi exigido que ele se convertesse à ortodoxia. O príncipe se recusou e imediatamente exigiu voltar para seu país, o que lhe foi negado. Tentou fugir mas foi capturado e mantido sob sequestro durante dois anos, até a morte de Miguel. Esse casamento fracassado marcou profundamente a família do czar. No dia em que completou 40 anos, a 12 de junho de 1645, Miguel olhou para sua filha Irina com os olhos cheios de lágrimas, abençoou-a e deixou cair a cabeça sobre o encosto da poltrona. Estava morto. Assim chegava ao fim o reinado do primeiro Romanov.

A mãe de Pedro, o Grande

Alexei, o terceiro filho de Miguel, o sucedeu aos 16 anos. Era um rapaz de temperamento dócil. Entraria para a história russa como "o Tranquilíssimo". De natureza contemplativa, o novo czar se deixava influenciar com facilidade. Ele fora criado pelo boiardo Morozov. Estadista eminente, mas astucioso e não muito escrupuloso, o tutor pretendia, na verdade, se tornar, a exemplo do patriarca Filareto, um czar *bis*. A melhor maneira de consegui-lo, naturalmente, seria providenciar um casamento conveniente para Alexei. Foram então convocadas duzentas moças, sendo selecionadas seis. O poderoso conselheiro estimulou vivamente o jovem czar a tomar como mulher Maria, filha de seu amigo e cúmplice Miloslavski. O próprio Morozov casou com a irmã menor da futura czarina.

Alexei amava com imensa ternura essa mulher que lhe daria treze filhos. Em compensação, o casamento de Morozov, então com 60 anos, com a jovem irmã de Maria não foi muito feliz.

Mas os boatos, como sempre, acabaram destruindo a reputação da nova czarina. Dizia-se que ela "saía num cabo de vassoura e subia as colinas dos subúrbios para celebrar o sabá com o diabo". Um certo monge proclamou: "O próprio Belzebu decidiu deixar o Inferno para viver no Kremlin com seus amigos." Os boiardos afirmavam que se a czarina e sua irmã se recusavam a ser ajudadas nos banhos pelas criadas, era porque "os dedos dos seus pés esquerdos traziam a marca de Satã e eram bifurcados".

Mais ou menos pelo fim do mês de junho de 1648, mais de cem mil pessoas invadiram o Kremlin, exigindo ver o pé esquerdo da czarina.

Apavorado, Alexei concordou em entregar à multidão algumas pessoas mais próximas de Morozov. A czarina conseguiu fugir por pouco, pelos subterrâneos do palácio.

Com os olhos cheios de lágrimas, Alexei proclamou à multidão:

— Minha dinastia reina porque foi eleita pelo povo. Faço aqui solenemente a promessa, por mim e meus descendentes, de que o Kremlin é e será sempre um lugar de onde serão expulsos os "inimigos do povo".

O clamor da multidão é sempre tão inconstante na Rússia... A imagem daquele czar de apenas 19 anos parecendo tão infeliz comoveu os manifestantes, que começaram então a gritar: "Longa vida ao nosso czar bem-amado!" Os que continuaram a fazer ameaças foram amarrados e entregues à polícia pelo próprio populacho.

Após esse levante, a czarina implorou ao marido que interviesse para acalmar o povo, como faria mais tarde a mulher de Nicolau II. Alexei imediatamente convocou a assembleia dos boiardos para um conselho extraordinário, a fim de redigir um novo código penal. As reformas previstas, tomadas de empréstimo às legislações asiáticas, eram de extrema severidade, como evidenciam os seguintes artigos:

1.º Ingestão de metal fundido e aquecido para os falsificadores de moedas.

2.º A mulher que mata o marido deve ser enterrada até o pescoço e mantida nessa posição até morrer (mas o marido que mata a mulher deve apenas pagar uma multa!...).

Essa atitude revelava o caráter fechado do Estado moscovita, movido ao mesmo tempo por medo e desconfiança, orgulho e rejeição dos estrangeiros. Kochkhin, testemunha privilegiada, frisou que era frequente a substituição de noivos destinados a estrangeiros. "Em nenhum lugar do mundo", diz ele, "a trapaça é maior que no Estado moscovita, pois os russos não adotaram a prática, em uso em outros Estados, segundo a qual é necessário ver por si mesmo e se entender com a prometida desde o princípio." Jamais os embaixadores estrangeiros entregavam pessoalmente os presentes do seu monarca às esposas e filhas dos czares, pois, como escreve um outro historiador, Zabelin, "o belo sexo do Estado moscovita ignora a leitura e a escrita, as mulheres têm o espírito simples por natureza e são pudicas; é verdade que desde a idade mais tenra até as núpcias vivem junto ao pai, longe de olhares indiscretos, em apartamentos secretos nos quais, à parte os parentes mais próximos, ninguém, sobretudo estrangeiros, pode vê-las". Essa situação permite entender por que não havia livre expressão de movimentos do espírito e da vontade.

Concluída a redação do código, o czar deixou bruscamente os boiardos. Correndo pelos corredores do Kremlin, voltou a seus aposentos e se refugiou no gabinete de oração contíguo ao quarto de dormir. No segredo das quatro paredes, cercado de ícones protetores cujos dourados cintilavam à luz das velas, ajoelhou-se e começou a rezar.

Alexei se fechava com frequência cada vez maior na sua pequena capela; sua saúde declinava rapidamente. A czarina, por sua vez, era acometida de graves crises de melancolia. O filho mais velho do casal, o czarévich Fiódor, vagava pelos pátios do Kremlin conversando com seus únicos "amigos", os gatos; o segundo filho, Ivan, um simplório, passava a maior parte do tempo numa poltrona; volta e meia fazia movimentos bruscos para pegar moscas. Só a filha Sofia era robusta como a mãe e cheia de uma vitalidade que desafogava nos braços dos oficiais da guarda do pai! A família do czar, assim, levava uma vida irreal no Kremlin, sem contato com o povo e seus problemas.

Foi quando apareceu Nikon, filho de camponês, monge, pope casado e depois novamente monge. Recebido em audiência por Alexei, ele causou tal impressão que o czar o reteve no Kremlin. Em 1652, Alexei nomeou o monge arcebispo de Novgorod, e mais tarde patriarca de todas as Rússias. Não falta quem considere que Nikon tenha sido a figura mais incrível da Rússia no século XVII. Não demorou e o czar dócil e hesitante se transformou em mera sombra do chefe da Igreja, nada mais fazendo sem a aprovação de Nikon. É verdade que o patriarca era uma verdadeira força da natureza, media dois metros e tinha uma voz com a força de um trovão. O czar, convencido de ter vencido a guerra contra a Polônia graças às orações de Nikon, atendia todas as suas vontades. Assim foi que concordou em que convocasse o conselho para "corrigir os erros litúrgicos". Para Nikon, as modificações nos livros sagrados eram uma maneira essencial de eliminar as discordâncias com a Igreja grega, decorrentes dos erros encontrados nos textos russos. Alexei não se considerava apenas o czar de todas as Rússias, mas o czar de todo o Oriente ortodoxo. Embora os adversários de Nikon não contestassem o caráter universal do czar russo, refutavam a necessidade de consultar os gregos quanto às origens da verdadeira ortodoxia. As disputas geradas pela iniciativa de Nikon acabariam assumindo proporções sangrentas e fanáticas.

Alexei provavelmente lamentou então ter conferido tantos poderes ao seu patriarca, pois este afirmava a superioridade da autoridade espiritual sobre a autoridade temporal. O czar viu aí uma ameaça ao seu próprio poder. Voltou então a se fechar dias inteiros com a czarina e consultou os livros sagrados. Essa história de correção das Escrituras estava além do seu entendimento.

Desgraçadamente, o czar, depois de longas consultas com o sogro, decidiu criar um novo ministério, o *Taini Prikaz* (Ministério das Questões Secretas do Estado). Quando os boiardos ficaram sabendo da decisão, uma onda de pânico tomou conta do Kremlin. Logo se começou a falar de uma volta à época de Ivan, o Terrível. O czar, enquanto isso, se mantinha calado; mas dava para perceber no seu rosto o esboço de uma enigmática e quase imperceptível satisfação. Certo dia, perante um público numeroso, Alexei disse a um boiardo: "Serás o chefe desse novo ministério." A partir desse momento, o boiardo Stukov se viu cercado dos pares, tentando conquistar sua simpatia. Alguns foram até vistos introduzindo moedas de ouro em seu bolso durante o serviço religioso! A febre já tomara conta de todo o Kremlin quando, durante uma assembleia, Alexei gritou para Stukov, querendo ser ouvido por todos: "E, sobretudo, não se esqueça de comprar gaviões de Vologda. São os melhores do nosso país, os mais fáceis de adestrar!"

Exatamente! O famoso ministério, o mesmo que causava tanto medo, cuidava apenas da caça; o czar zombara dos boiardos! Alexei tinha milhares de pássaros adestrados, três mil falcões e gaviões e mais de dez mil ninhos de pombos. Chegou a escrever um livro intitulado *Código das trilhas de falcoaria*. Para ampliar sua "Alta Corte", como se referia aos pássaros, ele criara um *ministério* cujo nome lembrava estranhamente a polícia secreta de Ivan, o Terrível. Uma cena inofensiva da tragicomédia de cem atos que se representava no Kremlin há mais de um século, e que não deixa de lembrar as grandes caçadas de Leonid Brejnev...

A primeira caçada do novo ministério foi um sucesso: os falcões e gaviões permitiram capturar mais de quinhentos animais. Infelizmente, ao voltar, Alexei foi informado da morte de sua mulher.

Cada boiardo então preparou a filha para a grande apresentação, esperando que o czar escolhesse a sua; mas ele já escolhera Natália Narychkin. Nikon contestou enfaticamente a decisão de Alexei. Natália era filha de um funcionário sem fortuna das Relações Exteriores e de uma escocesa russificada: um czar não podia casar com uma mulher em parte estrangeira. Nikon acabou cedendo, mas não sem obter do soberano a promessa de que a futura czarina se prepararia para o casamento "na verdadeira fé da Igreja Ortodoxa" e o tomaria, a ele, patriarca de todas as Rússias, como único confessor.

Uma onda de alegria e juventude invadiu o Kremlin. Natália não era nenhuma beldade, mas seu temperamento risonho e seu espírito animado a tornavam encantadora. No palácio agora se ouviam canções populares russas e escocesas, que ela entoava dedilhando uma cítara; e para enorme prazer de Alexei, ela também dançava lindamente. A nova czarina iniciou o marido nas distrações ocidentais; assim é que foi fundado o primeiro teatro do Kremlin, onde danças e concertos animavam as longas noites de inverno. Alexei chegou a convidar uma companhia teatral alemã em 1672. O czar não teve coragem de transformar completamente a severa vida do palácio, mas, para preparar algumas reformas, enviou seu embaixador Potemkin à Europa ocidental, para estudar hábitos e costumes. O diplomata informaria que os costumes franceses não eram bons para os cristãos e que os espanhóis eram "ciganos disfarçados"!

Nikon não estava muito interessado nesses estudos da vida ocidental, persistindo em suas convicções. Certa vez, em pleno serviço religioso, rasgou uma obra de liturgia antiga e a atirou no chão. Louco de raiva, o patriarca exclamou: "Este livro é obra de Satã!"

Nikon só recobrava a calma junto à jovem czarina, que procurava seu confessor com frequência para falar de diferentes assuntos religiosos. Embora o czar se congratulasse sabendo que a mulher tentava salvar a própria alma de "pecadora" com o "santo homem", a corte via esses encontros frequentes com outros olhos. Os inimigos do patriarca não se eximiam de chamar a atenção para o temperamento vulcânico de Nikon. E assim as relações entre o marido e o confessor se tornaram extremamente tensas. Cansado do amigo demasiado influente, o czar mudou de atitude. Em julho de 1658, Nikon renunciava ao patriarcado.

Anos depois, em 1672, a czarina trouxe um filho ao mundo. O pequeno Pedro seria uma força da natureza, medindo também dois metros.

Muito debilitado com essas disputas, Alexei não saiu mais do palácio, morrendo em 1676. Graças às vitórias desse czar pacífico, especialmente sobre a Polônia, a Rússia se tornou uma grande potência.

O falecido deixara muitos herdeiros, dois filhos e seis filhas do primeiro casamento, um filho e duas filhas do segundo. A situação era complicada, pois a família se dividia em dois ramos, em função da origem de cada uma das czarinas: os Miloslavski e os Narychkin. Enquanto as filhas do primeiro casamento tinham saúde e energia para dar e vender, os filhos, Fiódor e Ivan, tinham uma saúde frágil. Em compensação, Natália Narychkin, a segunda mulher do czar, trouxera ao mundo um menino sólido e inteligente. Mas o poderoso clã dos Miloslavski decidiu levar Fiódor ao trono. Por trás desse projeto estava a mais forte e ambiciosa das irmãs do novo czar, Sofia, que tinha apenas um ano a mais que a madrasta, Natália Narychkin.

O jovem Fiódor tivera excelente educação graças ao preceptor Simeão, que despertou nele o interesse pelas ciências, o conhecimento da matemática e de várias línguas estrangeiras, entre elas o latim. Entretanto, uma doença incurável o mantinha sempre fraco, mal conseguindo se mover.

Sofia toma o poder

A neve derretida escorria pelos vitrais das catedrais do Kremlin. Os cascos dos cavalos patinhavam na lama da Praça Vermelha. Milhares de monges que haviam chegado de todos os cantos do país para a coroação do filho mais velho de Alexei afundavam na lama até os tornozelos. Com 15 anos, o franzino Fiódor teve grande dificuldade de suportar o peso dos atributos imperiais. Enquanto o futuro czar ajustava o colarinho real, o príncipe Golitsyn, que carregava a coroa, teve a estapafúrdia ideia de colocá-la na própria cabeça. Um velho boiardo de altura imponente avançou na direção do príncipe e disse: "Muito bem, não sabe que esse gesto é um crime de lesa-majestade e que poderá pagá-lo com a cabeça?!"

Golitsyn não respondeu e lançou um olhar na direção da czarevna Sofia, que sorria. E por sinal ela não era a única a achar aquilo divertido, pois os que haviam visto a cena sabiam da cumplicidade entre os dois e não ignoravam que toda noite o príncipe entrava no *terem* de Sofia e só saía de madrugada.

Em 1680, pensando na posteridade, Fiódor III decidiu casar-se. Mas o pobre rapaz não estava muito preparado. Começou a chorar quando o obrigaram a visitar os banhos para escolher uma noiva. Os pais das candidatas o arrastaram então para o *terem*, encorajando-o com palavras de estímulo. Levado à posição privilegiada de *voyeur*, o czar fechava os olhos com força, murmurando uma oração e repetindo febrilmente o sinal da cruz. Apesar da sua perturbação, os boiardos promoveram o desfile das mocinhas, pressionando Fiódor para que fizesse sua escolha. Farto de tudo aquilo, o jovem czar apontou ao acaso uma polonesa chamada Ágata Gruchevski.

A nova czarina, seis anos mais velha que o marido, tinha um temperamento tão independente quanto autoritário. Morreu um ano depois, dando à luz um filho que tampouco sobreviveria. Diz a lenda que Sofia, querendo fortalecer a própria autoridade, decidiu enviar em segredo ao patriarca um pedido de "dispensa de incesto" para casar com seu irmão, o czar! Uma indiscrição foi cometida na secretaria do patriarca, e Sofia, para impedir que a cidade inteira e o reino soubessem, desistiu da ideia. Encontrou então nova candidata para o irmão, Marfa Apraxina, filha de um fidalguete de Riazan. Fiódor aceitou a nova esposa com a mais perfeita indiferença.

Durante seu breve reinado, Fiódor III tentou reabilitar o ex-patriarca Nikon. Pouco antes de morrer, mandou-lhe uma mensagem em seu convento no mar Branco, pedindo que rezasse pela sua alma e a do seu pai, Alexei, e restabelecendo seu título de patriarca. Nikon respondeu: "Eu te perdoo, Fiódor. Quanto ao seu pai, só o juízo final decidirá; ele e eu vamos nos encontrar perante Deus, e então veremos!"

E os dois sem dúvida se encontrariam efetivamente na eternidade, pela intermediação do futuro czar Pedro, o Grande.

Por enquanto, o fato de Nikon ter voltado às graças no Kremlin causava sensação no país. Ao tomar conhecimento da sua volta, opositores do Norte da Rússia se atiraram ao fogo com as respectivas famílias, para deixar claro seu apego à antiga Igreja. Seu chefe espiritual, o *protopope* Avvakum, deu o exemplo, imolando-se na fogueira com a mulher e os filhos. Milhares de fiéis seguiram o exemplo, e o cheiro de carne queimada chegou à capital.

A morte de Nikon pôs fim à onda de suicídios. Quando se dirigia a Moscou, ele foi acometido de uma doença brutal; só Deus sabe do que se tratava. Em compensação, sabemos que o arcebispo se recusou a lhe administrar os últimos sacramentos. Em meio a violentas cólicas, Fiódor morreu, por sua vez, a 27 de abril de 1682, por ter abusado — segundo se diz — de seu prato favorito, a torta de amoras...

Naquela primavera, a vida política na Rússia continuava mais dura que o clima! A sucessão de Fiódor era complicada.

Desde muito tempo, dois clãs se opunham no Kremlin: os nobres, ao redor de Sofia, e os Narychkin em torno da czarina Natália e seu filho, Pedro. A escolha de Pedro como herdeiro de Fiódor parecia natural, pois Ivan, irmão menor do falecido czar, era um simplório. Mas Sofia não via as coisas bem assim. A czarevna tinha total apoio dos nobres que detestavam os Narychkin e a proteção dos *streltsi*, unidade de infantes armados de arcabuzes que viriam a se tornar peça decisiva para a conquista do poder. Sofia tomou, então, a frente de um golpe de Estado para levar Ivan ao trono e se tornar regente.

Os sinos das oitenta igrejas de Moscou repicaram demoradamente, enchendo com suas notas fúnebres a catedral, onde era celebrado o funeral do jovem czar. Em desrespeito evidente ao protocolo, Sofia seguira o caixão de Fiódor, soluçando e arrancando os cabelos. Tinha vinte e seis anos, mas parecia o dobro. O cônsul francês La Neuville traçou dela um retrato implacável: "Condenada a um corpo monstruosamente gordo, com uma cabeça do tamanho de um alqueire, pelos no rosto e ulcerações nas pernas."

No fim da cerimônia, a czarevna fez um apelo ao povo: "Nosso irmão, o czar Fiódor, foi envenenado por nossos inimigos. Nosso irmão Ivan não foi escolhido para reinar. Agora não passamos de pobres órfãos. Pois então que a vida nos seja concedida e sejamos autorizados a partir para terras estrangeiras, ao encontro dos reis cristãos!"

A 15 de maio de 1682, uma multidão apavorada se aglomerou na Praça Vermelha, vendo os nobres entrarem no palácio onde estavam reunidos os partidários de Pedro e de sua mãe.

"Aqui está a lista dos canalhas que decidimos eliminar", avisaram. "A você, czarina Natália, e ao seu filho não faremos mal, mas precisamos encontrar os traidores da nossa religião ortodoxa cristã. Caso contrário, não ficará pedra sobre pedra deste palácio e todos vocês serão enforcados como cães!" Um pelotão de *streltsi* se posicionou à entrada. Foi lida a lista dos condenados. Vinte e cinco pessoas foram imediatamente detidas, empaladas e retalhadas. Natália e Pedro tiveram de assistir ao terrível massacre. Um dos homens espetou sua lança numa cabeça que acabava de rolar a seus pés e se voltou para o pequeno Pedro, na época com apenas dez anos: "Olhe bem para esta cabeça", gritou ele para o menino horrorizado, que fechava os olhos. "É a cabeça do seu tio, o canalha do Narychkin!" O oficial agarrou Pedro pela orelha, arrastou-o em direção aos cadáveres mutilados, sem dar ouvidos aos gritos de Natália, e o jogou sobre o corpo de Narychkin.

O menino levantou-se e correu para os braços da mãe, tremendo da cabeça aos pés. Nunca mais Pedro conseguiria eliminar esse pesadelo das suas noites, mantendo pelo resto da vida o tremor nervoso.

Os *streltsi* massacraram mais cerca de cinquenta pessoas. Saquearam a adega do czar, bebendo todos os vinhos, até o "Samos" grego, destinado à Eucaristia do czar e de alguns boiardos.

Sofia, o príncipe Golitsyn e alguns homens do seu séquito tinham deixado o Kremlin durante essas sangrentas jornadas de maio. A czarevna gratificou os *streltsi* com dez rublos cada e os bens dos boiardos caídos em desgraça foram vendidos em benefício deles. A decisão da Duma de levar Pedro ao trono foi revista: a Rússia teria dois czares. Ivan foi proclamado "primeiro czar", e Pedro era proclamado "segundo czar". A regência foi entregue a Sofia.

A czarevna nomeou o amante, o príncipe Golitsyn, chanceler e comandante em chefe. Fino e cultivado, ele não demorou a se dar conta da fraqueza militar dos nobres e reorganizou completamente seu exército. Promoveu então, na Praça Vermelha, a primeira revista militar, que causou forte impressão nos diplomatas estrangeiros e no povo. E, lembrando-se do heroísmo dos cossacos zaporogos, transformou seus feudos em distritos militares.

Agora, Sofia e o amante eram os verdadeiros senhores do Kremlin. Antes dela, só duas mulheres tinham governado o Estado russo: a princesa Olga, em Kiev, e Helena Glinski, regente na infância do filho, o futuro Ivan, o Terrível. Pela primeira vez, uma czarevna solteira detinha o poder supremo.

Polonófila e ocidentalista, Sofia quis antes de tudo reconciliar Moscou com Varsóvia para participar da Santa Liga, formada por Polônia, Áustria, Hungria e Veneza, juntando-se a ela na luta contra os turcos.

A madrasta de Sofia, a czarina Natália, foi obrigada a deixar o Kremlin com a família, passando a viver no Palácio de Verão de Preobrazhenskoye, não longe de Moscou.

Oficialmente, portanto, tanto Ivan quanto Pedro eram czares. Para tentar manter as aparências, Sofia encomendou um duplo trono. Os atributos imperiais passaram a ser portados por cada um deles, alternadamente; para uso de Pedro, mandou-se confeccionar uma "segunda" chapka de Monômaco, semelhante à original na forma, mas bastante inferior em valor artístico.

Não acreditando muito na sabedoria dos dois pequenos soberanos, os boiardos mandaram instalar um esconderijo para os preceptores por trás do trono, todo de prata. Mas ele seria usado sobretudo pela regente.

Volta e meia, os boiardos buscavam Pedro no Palácio de Verão para apresentá-lo ao corpo diplomático. Nessas audiências, Sofia soprava do esconderijo, por uma pequena abertura dissimulada debaixo de um tapete, as respostas às insidiosas perguntas dos diplomatas, que não raro ficavam espantados com a sabedoria do menino.

Eis como um embaixador polonês descreveu uma dessas cerimônias: "O czar Pedro, de 10 anos, muito alto para a idade, nos olhava com seus olhos tristes e curiosos, sacudindo nervosamente a cabeça; dizem que esse cacoete teve origem no dia do golpe de Estado de sua meia irmã Sofia, quando os *streltsi* ameaçaram assassiná-lo. O czar Pedro queria tocar na condecoração do Leão e do Sol, concedida pelo imperador da Pérsia ao ministro da Curlândia, mas foi brutalmente impedido pelo chefe da polícia secreta de Sofia, que o agarrou pelo braço e com certeza o beliscou, pois o jovem czar ficou rubro de raiva e dor.

"Quanto a Ivan, era um estranho czar, quase sempre imóvel, os olhos voltados para o teto; ele fez apenas um movimento brusco para capturar uma mosca e segurar a coroa, que quase caiu. Pedro então pulou do trono e a ajeitou novamente na sua cabeça..."

À morte do czar Alexei, seu sucessor, Fiódor, insistira em que um excelente preceptor fosse providenciado para seu meio irmão, Pedro: "Um homem temente a Deus, bem instruído, e sobretudo que não seja um bêbado!" Os boiardos passaram um bom tempo buscando essa ave rara, e acabaram por encontrá-la no Ministério das Contribuições Diretas, que cuidava basicamente das receitas da produção de álcool. Nikita Zotov era um homem bem instruído para a época, mas de tanto conviver com bebedores de vodca se tornara com o tempo um bêbado inveterado. Em seus raros momentos de sobriedade, o preceptor ensinava a Pedro o alfabeto russo, o Evangelho, o Antigo Testamento, cantos litúrgicos, rudimentos de aritmética e história.

Zotov ensinava de maneira tão monótona que o aluno muitas vezes caía no sono sobre seus joelhos! O futuro criador do Império Russo não era capaz de escrever em sua língua materna sem cometer inúmeros erros de ortografia. Diz-se que, certa vez, foram identificados quatro erros numa palavra de três letras! Do que lhe ensinava Zotov, Pedro só reteve, ao que se diz, alguns cantos. A vida inteira, gostou de cantar com os coros das catedrais, com sua bela voz de baixo.

Filho único e mimado pela mãe, Pedro cresceu rápido, talvez rápido demais, tornando-se um adolescente precoce. Aos 12 anos, já era um garoto alto e bonito que não desprezava o álcool, cujo prazer aprendera com Zotov.

A czarina herdeira dispunha de um séquito reduzido no Palácio de Verão, pois o Kremlin não lhe dava muito dinheiro. Mas as poucas mulheres a serviço de Natália gostavam muito do jovem czar. De fato, a bebida o deixava "sentimental", fazendo-o buscar a companhia delas. Segundo uma crença russa muito antiga, o toque do czar teria qualidades terapêuticas. Pedro valeu-se plenamente de seus "poderes de cura", que acabavam em gargalhadas na grama ou no meio dos arbustos. Mas quando entrou no décimo terceiro ano de vida, as mocinhas começaram a se queixar do seu comportamento, como evidencia esta carta: "... Eu fui até o gramado usando meus mais belos trajes e voltei nua como vim ao mundo, pois o czar rasgou minha blusa, minha saia e minhas fitas. E me quebrou pelo menos uma costela, pois me defendi das suas investidas e não quis cometer o pecado mortal..."

Para moderar esse ardor, Natália decidiu casar Pedro quando ele completou 16 anos. Os Narychkin não queriam aliança com nenhuma grande linhagem que pudesse lhes fazer concorrência. Assim, a czarina escolheu Eudóxia Lopukhin, filha de um fidalguete. A noiva tinha grandes olhos verdes e um pescoço impressionante. Era bonita, mas completamente indiferente a seu prometido.

Depois do casamento, Pedro continuou levando uma vida desordenada. Uma das damas de honra da czarina Eudóxia relatou uma visita que ele, caindo de bêbado, teria feito a sua mulher. Depois de puxar Eudóxia da cama pelos pés, Pedro a teria obrigado a se vestir e rasgara sua roupa, jogando-a num sofá na presença de três criadas e violando-as, para em seguida adormecer sobre uma mesa...

Já havia alguns anos que o czar gostava de percorrer feiras e lugares de distrações públicas. Andava atrás de companhia feminina, naturalmente, mas também recrutava jovens para formar uma guarda pessoal. Reuniu-os então em "regimentos de jogo", como se fossem companheiros de prazer, e não soldados. Sem dinheiro para comprar os equipamentos necessários para os amigos, ele subornou os guardas do arsenal do Kremlin e conseguiu assim tudo de que sua guarda precisava.

Desde a infância, Pedro sentia curiosidade pelo bairro dos Alemães, vendo suas casas limpinhas de tijolos e os jardins arborizados. Com frequência, o jovem czar passava por essa região de Moscou onde residiam os estrangeiros. Mas só a partir de 1690, dois anos depois do seu casamento, suas visitas se tornaram frequentes. Ele costumava deixar o palácio para desfrutar dos prazeres da rua. Se os russos se limitavam a passar noites inteiras bebendo até todo mundo cair no sono, os estrangeiros gostavam de conversar sobre o mundo, seus estadistas, seus cientistas e guerreiros. Graças a essa liberdade, Pedro forjava novas relações e se via, como diriam seus biógrafos, "a meio caminho da Europa".

No bairro dos Alemães, ele conheceu o volúvel capitão Franz Iakovlevich Lefort, natural de Genebra. Tendo chegado a Moscou durante o reinado de Alexei, Lefort fizera carreira no exército. Amante dos prazeres, extremamente mulherengo, ele seria até morrer um dos homens mais próximos de Pedro. Quase tão alto quanto o czar, de ombros mais largos, um longo nariz pontudo e olhos vivazes, Franz Lefort era um belo homem. Tinha na época 34 anos, e Pedro, 19.

Eudóxia não era muito procurada pelo marido. Passavam-se dias sem que ele fosse visto no palácio, e às vezes semanas, pois ele vivia e dormia nas casas dos amigos do bairro Alemão, onde tinha seis amantes. Mas o fato é que se apaixonou realmente por Anna Mons, a amante principal. Essa alemã de cabelos loiros já fora conquistada por Lefort. Quando o czar deixou transparecer que se interessava pela bela cabeleira, pelo riso atrevido e pelos olhos brilhantes dessa moça "excessivamente bela", Lefort cedeu o lugar, sem qualquer resistência. Anna agradava a Pedro porque era capaz de se ombrear com ele, fosse na bebida ou nos gracejos. Pouco ligando para o protocolo, ele aparecia em público com Anna, na companhia de boiardos e diplomatas estrangeiros. A ternura da jovem pelo czar certamente também foi estimulada pela ambição. Assim era ela. Pedro a cobriu de joias; ofereceu-lhe também um palácio e uma propriedade no campo, onde com frequência eram promovidas festas pantagruélicas. Os banquetes começavam geralmente ao meio-dia e acabavam ao alvorecer do dia seguinte. Entre um prato e outro fumava-se, jogava-se bola ou boliche, atirava-se com arco e flecha ou mosquete. Os discursos eram acompanhados de toques de trompete e mesmo salvas de artilharia. Quando havia uma orquestra, Pedro tocava tambor. As noitadas eram animadas, com danças e fogos de artifício. Se um dos convivas fosse vencido pelo sono, dormia ali mesmo onde estivesse. Às vezes essas reuniões duravam dois ou três dias, durante os quais os convidados, deitados no chão, se levantavam apenas para beber e comer e voltavam a cair em ditoso torpor.

Detestando as velhas tradições, os usos e costumes russos, o czar frequentava cada vez mais os estrangeiros.

Em contato com eles é que aprendeu o calão de várias línguas. Em 1717, o ministro de Relações Exteriores francês, Dubois, relataria: "Quando falo em francês com o czar, fico me perguntando quem poderia ter-lhe ensinado nossa língua. Ele não conhece nenhuma palavra corrente, mas faz uso de expressões que deixariam ruborizados os dragões dos nossos regimentos. Certa vez, em Versalhes, xingou de tal maneira que os cavalariços ficaram boquiabertos."

Se por um lado o general escocês Patrick Gordon dava opiniões fundamentadas e sábios conselhos, Franz Lefort proporcionava a Pedro alegrias, amizade e compreensão. Em sua companhia, o jovem soberano se descontraía. Quando entrava num dos seus lendários acessos de fúria, quebrando tudo, Lefort era o único capaz de agarrá-lo pelo braço e contê-lo até que se acalmasse. O czar provavelmente se mostrava sensível ao fato de o amigo agir com total desprendimento. Apreciava sua franqueza, integridade e generosidade. A ascensão desse companheiro sem igual foi fulgurante. Pedro o presenteou com um palácio e os recursos necessários para mantê-lo, o nomeou general, almirante e em seguida embaixador.

O príncipe Kurakin descreveria o clima da época: "... Em sua maioria, esses estrangeiros que viviam em nosso país eram verdadeiros canalhas. Souberam se misturar aos nossos boiardos e nobres que tinham as mesmas qualidades. O jovem czar, totalmente influenciado por eles, participa das distrações mais desprezíveis desse bando diabólico. Nada é capaz de deter essa gente sem fé nem lei..." Em suas *Memórias*, ele descreveu as festas do "bando de Pedro e da amante alemã". Essas orgias eram chamadas de "batalhas com Ivachka

Khmelnitski". Trata-se de um jogo de palavras: *khmel* quer dizer álcool, tratando-se, portanto, de batalhas com o álcool. Muitas vezes elas terminavam com a morte de vários participantes. Era necessária uma saúde de ferro para passar no "teste do Hércules moscovita", como o chamava Franz Lefort, que consistia em "abrir dezoito garrafas de vinho e desvirtuar dezoito virgens"...

Numa dessas loucas incursões no bairro dos Alemães, durante a noite do carnaval, Pedro e Anna Mons fantasiaram de Baco o preceptor do czar, Zotov, fazendo-o conduzir um trenó atrelado a quatro porcos cobertos de fitas!

Pedro se tornara maior de idade com o casamento, mas acontece que a regente sonhava com a coroa para si. O confronto entre os dois campos seria inevitável.

No início do verão de 1689, Sofia recebeu um novo relatório sobre o comportamento de Pedro e seus "companheiros de jogo". Não havia mais margem a dúvida; o jovem czar queria expulsá-la do Kremlin. A regente então planejou o massacre do meio irmão, de sua família e de todos os criados com a ajuda dos *streltsi*. Avisado na noite de 7 para 8 de agosto de que uma tropa armada se dirigia para Preobrazhenskoye, Pedro fugiu para o Mosteiro da Trindade, a cerca de sessenta quilômetros de Moscou. Foi sua última demonstração de covardia, provavelmente ocasionada pelas lembranças infantis da revolta dos *streltsi*, pois nos momentos de perigo ele sempre haveria de se mostrar de uma coragem inabalável.

Durante esses acontecimentos, seus amigos do subúrbio alemão desempenharam um papel decisivo no destino do czar.

Seguro da própria força, o jovem monarca ordenou a todos os generais e oficiais estrangeiros que comparecessem ao acampamento de Trindade a cavalo e armados. O primeiro a responder foi o corajoso general escocês Patrick Gordon. Quando ele pulou em sua montaria, todos os regimentos estrangeiros o seguiram. Então com cinquenta anos, Gordon desfrutava de respeito unânime.

Assegurada a vitória, Pedro fez com que lhe entregassem o chefe dos *streltsi* e seus companheiros de armas, executados depois de pavorosas torturas. A 6 de setembro, escreveu ao irmão Ivan explicando a necessidade de afastar Sofia do poder. Dizendo-se disposto a respeitar o irmão, ele pedia autorização para libertá-lo do fardo do poder.

Ivan não se opôs, e até morrer, em 1696, cumpriria apenas nominalmente suas obrigações de czar.

Pedro exigiu em seguida que Sofia renunciasse à regência; e logo os aliados se recusariam a apoiá-la. Aos poucos, o patriarca, os boiardos, as tropas regulares e a maior parte dos regimentos de *streltsi* se aliaram a Pedro.

A 12 de setembro de 1689, novos dirigentes das administrações centrais da Moscóvia eram designados em seu nome.

As mulheres de Pedro, o Grande

Para inaugurar seu reinado, o czar deu uma festa no Kremlin e convidou o povo.

Enquanto isso, a regente Sofia entrara para um mosteiro. Quando Pedro pediu notícias suas, recebeu como resposta que a meia irmã desejava receber seu nome de religiosa de Sua Majestade em pessoa.

O jovem olhou friamente para o interlocutor e respondeu, seco:

— Diga que aprenda a dançar e escolha o nome de Salomé, que eu lhe ofereço a cabeça do chefe dos *streltsi*.

Livre da regente Sofia, a czarina Natália governava com a ajuda do clã Narychkin. O jovem czar tinha adoração pela mãe. Em sua presença, ficava irreconhecível, sem beber nem jamais praguejar; apesar disso, segundo o historiador Walizevski, podia se questionar, vez ou outra, quanto à agitada vida sentimental daquela que o trouxera ao mundo:

Durante uma orgia, Pedro interpelou o boiardo Tikhon Strechnev, conhecido por ter sido "íntimo" da segunda mulher do czar Alexei:

— Aquele ali — disse Pedro, apontando para uma figura do seu séquito — pelo menos sabe que é filho natural do czar Alexei, meu suposto pai. Mas eu sou filho de quem? Do patriarca Nikon? Ou de algum outro? Fale! Vamos, fale sem medo... Fale ou o estrangulo!

Pedro o agarrou pela garganta. O outro, lívido, tremendo da cabeça aos pés, mal conseguiu articular:

— Majestade... Senhor... Eu imploro... Deixe-me. Não posso responder como deveria ao meu czar.

— E por quê?

— Senhor... como dizer?... Eu não era o único na cama da czarina Natália...

Nessa época, Pedro se fazia acompanhar de dois homens que desempenhariam um papel essencial em sua vida: o futuro "príncipe da terra de Ijora", Alexandre Menchikov, e o barão Piotr Chafirov.

O jovem soberano os conhecera alguns anos antes. Alertado pelos gritos que vinham da loja de um pequeno comerciante, Pedro abriu caminho até o pobre estabelecimento. Um homem baixo segurava um adolescente pelo colarinho. Sacudindo-o, vociferava que o vigarista lhe tinha roubado cinco rublos de tecidos. O ladrão, um rapagão de cabelos encaracolados e ombros largos, se debatia, proclamando sua inocência de "honrado vendedor de *pirojki*". Uma roda ameaçadora de curiosos já se acotovela ao redor quando Pedro interveio:

— Que está acontecendo aqui?

— *Mijnherr* — intercedeu Lefort —, é Alexandre Menchikov, filho de Daniel, escudeiro do boiardo Samsonov, um bom rapaz, eu o conheço bem, está a meu serviço.

— Largue-o — ordenou o czar ao comerciante. — De que está sendo acusado, e por que todo esse barulho num dia de festa?

O pequeno comerciante não parecia muito impressionado com a intervenção daqueles cavalheiros — que eram figuras importantes, a julgar pelas roupas que vestiam:

— Ele me roubou um pedaço de seda valendo cinco rublos e não quer pagar, vou entregá-lo aos policiais.

Pedro olhou para o comerciante e disse:

— Você é muito teimoso. Deixe este homem ir embora e amanhã venha a minha casa em Preobrazhenskoye. Lhe darei seus cinco rublos.

E virando-se para o rapaz, acrescentou:

— E você, Alexandre Menchikov, a partir de hoje vai servir ao seu czar, em vez de se deixar apanhar pela polícia!

No dia seguinte, o comerciante foi a Preobrazhenskoye:

— Onde você nasceu? — perguntou Pedro.

— Na Holanda.

— Como se chama?

— Pinkus Issaievich Chapiro, vendedor ambulante.

— Já viajou muito? Fala várias línguas?

— Sim, majestade, conheço os países que ficam além do Vístula, do Prut e do mar Negro. Falo alemão, holandês, latim, polonês, inglês e... iídiche, majestade.
— Você é judeu?
— Sim, majestade.
Pedro coçou a cabeça.
— Pois bem, vai se chamar Piotr Petrovich Chafirov.
— Entendido, majestade.
Pedro viu o jovem comerciante se afastar mancando ligeiramente.
— Não é sempre que encontramos homens capazes de se virar em todos esses dialetos estrangeiros. Um dia vou nomeá-lo ministro de Relações Exteriores — concluiu o czar.

O futuro vice-chanceler do Império Russo, conhecido como "o judeu de Pedro, o Grande", ajoelhou-se diante do seu czar...

Quando Chafirov voltou a ver Menchikov, cuspiu na sua direção e disse ao czar:
— Vossa majestade sempre terá problemas com este aí. Um ladrão será sempre um ladrão, diz um provérbio latino.

Menchikov olhou para o baixote:
— Também temos um provérbio russo: "Desconfie sempre de um ladrão perdoado..."

Depois dessa altercação com o comerciante Chapiro, Alexandre Menchikov tornou-se o ordenança pessoal do czar. Dormindo no quarto vizinho ao seu ou ao pé da sua cama quando ele viajava ao exterior, Alexandre estava a seu serviço dia e noite. Assim foi que trabalhou junto ao seu senhor nos estaleiros navais de Amsterdã e Deptford. Adaptável, aprendendo rápido, Menchikov aprendeu alemão e holandês; mas nem por isto deixava de continuar fundamentalmente russo. Aceitando romper com hábitos antigos, tentando entender ideias novas, ele era o tipo de homem que Pedro queria para o seu país.

Depois da morte de Lefort, ocorrida em 1699, Menchikov tornou-se confidente de Pedro. Os dois se ligariam por real afeto.

A exemplo do seu senhor, Alexandre era uma força da natureza. Distinguindo-se como ele nos exercícios físicos, era capaz de executar qualquer tarefa. Sabia ser companheiro nas suas orgias, confidente dos seus amores, comandante da sua cavalaria e um ministro de governo tão dedicado quanto hábil. Alexachka, como era chamado pelo czar, tornou-se uma figura de primeiro plano da era petroviana. Seu senso diplomático, seu otimismo, sua grande intuição para entender e prever as ordens ou acessos de raiva de Pedro o tornavam insubstituível.

Mas sua rápida ascensão gerou muitos inimigos.

Transformado em *alter ego* de Pedro, Alexachka de tal maneira sabia como ele reagiria em qualquer circunstância que suas ordens eram aceitas como se fossem do próprio czar. "Ele pode fazer o que quiser sem pedir minha opinião", dizia o soberano, "mas eu não decido nada sem pedir a dele." O comentário dizia respeito também aos assuntos sentimentais do soberano.

Em janeiro de 1694, a czarina Natália morreu. Tinha 44 anos; Pedro ainda não completara 22. E teve um novo recomeço como o czar.

Em 1697, o imperador de todas as Rússias empreendeu uma longa viagem ao exterior acompanhado dos amigos mais próximos, para "aprender coisas úteis" e ver "como os outros vivem". Mas, na medida do possível, evitou fazer visitas oficiais, pois, segundo dizia, "não queria perder tempo em recepções". Detestando o protocolo, Pedro se escondeu por trás do pseudônimo de Piotr Mikhailovich, voluntário da embaixada do czar.

Antes de deixar a Holanda, o soberano foi convidado a Utrecht por Guilherme de Orange, rei da Inglaterra com o nome de Guilherme III. Em razão do encontro, decidiu a visitar a Inglaterra, onde a construção de navios ainda era mais avançada que na Holanda. Ele viajou imediatamente para o estaleiro naval de Deptford, onde Menchikov se mostrou à sua altura. Com efeito, ele era o único russo, à parte Pedro, realmente capaz de exercer a marcenaria. As atividades do czar foram registradas num diário de viagem, como por exemplo durante a visita a Londres: "Visitamos o teatro, as igrejas. Recebemos a visita de bispos ingleses que nos aborreceram durante mais de duas horas. Mandamos chamar a mulher gigante, altura de quatro *archinas* (2,40m): o czar passou sem se inclinar por baixo do braço estendido dessa mulher. Visitamos o Observatório. Fomos à Tower, vimos o Palácio da Moeda, a prisão e o Parlamento..."

O encontro com a giganta não deixou de registrar um incidente. Os russos tinham oferecido uma soma interessante para observar cientificamente, e de perto, os detalhes da sua anatomia. Mas os "inspetores", um pouco insistentes demais, quiseram — sempre em nome da ciência — saber como ela fazia amor! Rejeitando a manifestação adicional de interesse, a mulher embolsou a soma prometida e se foi, indignada!

O czar se despediu da Inglaterra depois de três meses. A caminho de Viena, parou em Dresden, onde foi recebido pela viúva do *Kurfürst* de Brandeburgo e por uma princesa de Hanôver, a bela Aurora de Koenigsmark. Não demorou, e uma multidão de belas mulheres da aristocracia alemã acorria para conhecer "o *enfant terrible* do Kremlin". Numa recepção, Pedro, querendo exibir seu virtuosismo como músico, mandou buscar um grande tambor e durante horas ofereceu às senhoras um espetáculo bastante ruidoso! O jovem declarou seu desprezo pela música clássica e pela caça, sobretudo a caça do falcão, "uma tradição russa estúpida". Suas ocupações favoritas, contou, eram viajar, construir navios e disparar fogos de artifício.

Depois dessas confissões vieram as danças. Esquecido da própria força, o czar levantava suas parceiras, jogando-as para cima e apanhando-as de novo. Trouxeram à sua presença uma menininha de dez anos, a futura mãe de Frederico, o Grande; querendo beijá-la, Pedro a levantou pelas orelhas!

Nas refeições, ele dispensava garfos e facas, assim como os guardanapos de mesa.

De uma maneira geral, o colosso russo foi apreciado. Sua conversa encantava as princesas, que o acharam divertido, inteligente, estranho e galante. Mas elas não deixaram de notar que com frequência ele praguejava "como um cocheiro bêbado"...

Em Viena, Pedro recebeu más notícias: os *streltsi* exilados de Moscou estavam marchando para a capital. O objetivo era massacrar os alemães e matar o czar para conduzir Sofia ao trono. A batalha decisiva ocorreu a 18 de junho de 1698. Foi vencida pelo general Gordon e seus sete regimentos, que confrontaram os revoltosos no caminho de Riazan. Cerca de cinquenta homens foram decapitados. Os interrogatórios dos *streltsi* deixaram clara a cumplicidade do convento de Novodevichy, onde Sofia continuava reclusa.

Pedro recebeu em Viena o relatório dos investigadores anunciando o fim da revolta. Ele nunca se livrara da lembrança das terríveis jornadas de 15 a 19 de maio de 1682 e do massacre de sua família pelos *streltsi*. O czar imediatamente partiu para Moscou. Durante a viagem, falou das medidas que tomaria contra Sofia e os insurretos: "Vou extirpar de uma vez por todas essa semente maldita da terra russa. Vou fazê-los esquecer o gosto de se revoltar contra seu czar, ainda que seja necessário massacrar milhares desses bandidos."

A execução começou a 10 de outubro de 1698. Em Preobrazhenskoye, o czar convidou os emissários de príncipes e potentados estrangeiros para assistir a essa manifestação de impiedosa justiça. Pedro poupou Sofia, mas ordenou que os chefes da revolta fossem enforcados sob as janelas do seu quarto. A antiga regente foi obrigada a entrar para a vida monástica com o nome de irmã Suzana e, até sua morte, a 3 de julho de 1704, viveria sob guarda reforçada no Mosteiro de Novodevichy.

O reinado de Pedro começou pela terceira vez: dessa vez, para valer. A punição dos *streltsi* foi o primeiro ato da luta encarniçada do czar contra as tradições russas. Uma parte importante das suas reformas dizia respeito à emancipação das mulheres. Uma série de *ukazi* serviu para acabar com os *terems*; as toucas ou faixas de cabeça, obrigatórias na antiga Rússia para encobrir os cabelos, foram abolidas. No início, as mulheres receberam essas reformas com extrema hostilidade, mas não demoraram a se dar conta das vantagens proporcionadas pelas inovações do czar e passaram a adotá-las com entusiasmo. Pedro decretou a instrução obrigatória dos filhos de boiardos e nobres e ordenou também que os súditos cortassem a barba e usassem trajes poloneses.

Nessa conjuntura, o czar decidiu livrar-se de sua mulher, Eudóxia. Se no início do casamento a czarina não se mostrava muito interessada no marido, passara posteriormente a fazer o possível para lhe agradar. Durante suas viagens, lhe escrevia cartas cheias de ternura e real afeto. Costumava assinar "Sua Duchka" (diminutivo carinhoso de "alma"), chamando Pedro de "Lapuchka" (diminutivo de "pata"). Mas suas cartas ficavam sem resposta.

De Londres, Pedro escreveu ao confessor de Eudóxia, pedindo que a convencesse a entrar para o convento. Ao retornar, ficou três semanas sem visitar a czarina. Por fim, teve uma entrevista com a mulher na casa do chefe dos correios, Vinnius. O confronto foi violento. Ao cabo de quatro horas, a czarina persistia na recusa de se retirar para um mosteiro. Furioso, o marido a espancou, apesar da presença de Vinnius. Dias depois, Eudóxia era acompanhada ao Mosteiro de Suzdal por um séquito modesto...

Pedro estava cada vez mais apaixonado por Anna Mons e queria casar com ela. Mas nessa época ainda não sabia que ela também era amante do embaixador da Prússia na Rússia, Keyserling (o que descobriria três anos depois).

Em 1703, o czar lançou os primeiros alicerces da cidade de São Petersburgo, à beira do Neva.

Em 1706, conheceu aquela que se tornaria sua esposa amada, a czarina Catarina I.

Marta Skavronski, nascida na Livônia em 1684 de pais poloneses calvinistas, era uma jovem camponesa. Durante a guerra russo-sueca, foi violada, como muitas compatriotas. Por pouco se livrou de entrar para um bordel militar, casando com o dragão sueco Iohann Rabe, a que servia como cantineira do exército. Mas Rabe, querendo se aproveitar de sua beleza, a venderia a um soldado livoniano, que a obrigou a se prostituir. Libertada do "protetor" pelos russos, Marta se refugiou em Mariemburgo, onde passou a trabalhar para um pastor como auxiliar de cozinha. A paz não durou muito e ela veio a ser capturada pelos calmucos. Quando Mariemburgo foi tomada pelos russos, o dragão Demin a tomou sob sua proteção, entrando mais tarde para a criadagem do velho marechal Cheremetiev. Há quem sustente que, encantado com a bela jovem, Menchikov a teria comprado de Cheremetiev, levando-a para Moscou. Marta então passou a se chamar Catarina.

Menchikov tinha 32 anos e Catarina, 17. Os dois viriam a se tornar os amigos mais íntimos de Pedro, o Grande, ao mesmo tempo continuando a cultivar entre eles uma incontestável proximidade.

Ao ver Catarina pela primeira vez na casa de Menchikov, o czar foi imediatamente seduzido. Usando um *sarafan* malva e uma blusa de mangas de babados, ela trazia no pescoço um colar de coral, e das orelhas pendiam bolas de prata; os cabelos louros eram partidos ao meio numa reta perfeita.

— Sua Majestade está encharcada — murmurou a jovem, intimidada.

Ela o livrou do chapéu de pele coberto de neve e retirou seu casaco de pele de raposa, sacudindo-o com força.

— Quem é esta beldade? — perguntou o soberano.

Menchikov tentou contornar a pergunta. Mas em vão.

Não podendo recusar nada ao czar, cedeu o lugar, sem maiores contrariedades.

Loucamente apaixonado, Pedro logo quis casar com Catarina. Mas não foi uma decisão fácil. Eudóxia ainda estava viva; além do mais, para os russos tradicionalistas, o casamento do czar com uma camponesa estrangeira e analfabeta podia provocar sérios problemas. Mas o amor foi mais forte.

Pedro casou com Catarina em novembro de 1707. A cerimônia em São Petersburgo teve caráter íntimo. Durante muito tempo o czar guardou segredo ante o povo, seus ministros e certos membros da família, embora Catarina lhe desse cinco filhos. Só em março de 1711, antes de partir para a campanha contra os turcos, ele convocou sua irmã Natália, a cunhada Prascóvia e lhes apresentou sua mulher. Pedro disse que ela era sua esposa e devia ser considerada como a czarina. Afirmou que desejava celebrar publicamente sua união, mas que, se morresse antes, elas deveriam aceitá-la como sua viúva.

Pedro cumpriu a palavra e celebrou oficialmente o casamento em grande pompa, em fevereiro de 1712. Antes da cerimônia, a jovem foi batizada e recebida na Igreja Ortodoxa. O herdeiro do trono, Alexei, filho de Eudóxia, foi seu padrinho. E assim a bela jovem camponesa se tornou a czarina Catarina Alexeievna, embora ainda não fosse coroada.

Pedro teria alguns namoricos em seguida, mas sem qualquer importância em sua vida. Foram quatro as mulheres pelas quais nutriu sentimentos profundos: sua mãe, sua irmã, Anna Mons e Catarina. Sua mãe e Catarina tiveram uma influência preponderante. Por sinal, Catarina de certa forma se tornara uma segunda mãe para Pedro. O amor total e incondicional que tinha por ele muitas vezes assumia um caráter maternal. Como a czarina Natália, Catarina era capaz de acalmar seus acessos de raiva. Tinha qualidades que Pedro nunca encontrara em nenhuma outra mulher. Calorosa, alegre, benevolente, generosa e robusta, era dona de incrível vitalidade.

Catarina e Menchikov eram os únicos capazes de acompanhar o ritmo infernal imposto pela fenomenal energia do czar. Ela nunca estava mal-humorada ou aborrecida. Jamais esqueceu sua antiga condição, sempre se mostrando discreta na presença dos estrangeiros de sangue real:

"Durante a visita a Berlim, a czarina evidenciou o maior respeito diante da rainha... A sorte extraordinária que tivera na vida não a deixava esquecer a diferença entre a princesa e ela própria. Era enorme sua vontade de portar-se adequadamente e, embora não fosse dotada de todos os encantos do seu sexo, é certo que tinha toda a sua gentileza..." Assim se referia a ela um despacho do embaixador da Prússia.

Catarina demonstrava uma sensatez de camponesa e percebia mentiras ou lisonjas com clareza e perspicácia. Em público, tinha o bom senso de se manter em segundo plano.

A nova czarina era a companheira sonhada por Pedro. Viajava quase sempre ao seu lado. Cavalgar durante dois ou três dias, dormir no chão, enfrentar a violência de uma batalha — nada disso lhe dava medo. Mesmo nos intermináveis banquetes ela estava sempre presente, ainda que tentando moderar o consumo de álcool do marido. Numa dessas ocasiões, bateu à porta do compartimento onde Pedro se encontrava com os convivas: "Está na hora de voltar", disse. A porta se abriu e o czar seguiu docilmente a esposa.

O amor dos dois, como a resistência de Catarina, se manifestou também no nascimento de doze filhos, seis meninas e seis meninos. Só dois chegaram à idade adulta: Ana, futura duquesa de Holstein e mãe do czar Pedro III, e Elisabeth, que seria imperatriz de 1740 a 1762.

O casal deu várias vezes o mesmo nome aos filhos, esperando a cada vez que os novos Pedro, Paulo, Natália tivessem mais sorte que os antecessores: Pedro 1704-1707; Paulo 1705-1707, Catarina 1707-1708; Ana 1708-1728; Elisabeth 1709-1762; Natália 1713-1715; Margarida 1714-1715; Pedro 1715-1719; Paulo 1717; Natália 1718-1725; Pedro 1723; Paulo 1724.

A expressão mais contundente do afeto entre Pedro, o Grande, e Catarina se encontra em suas cartas, guardadas nos arquivos russos. Durante as raras separações, Pedro lhe escrevia a cada três ou quatro dias. Preocupava-se com sua saúde, tranquilizando-a quanto à sua própria e compartilhava preocupações e alegrias: "Graças a Deus tudo aqui vai bem, mas quando chego a uma casa em que você não está, fico tão triste." Ou então: "Mas quando você diz que é patético fazer passeios sozinha, embora o parque seja agradável, eu acredito, pois comigo é a mesma coisa. Peça a Deus que seja o último verão que passaremos separados e que possamos sempre estar juntos no futuro." As cartas da czarina não são escritas com a mesma liberdade, pois eram ditadas a um secretário, mas não se revelam menos afetuosas. Catarina nunca se queixava e não dava conselhos políticos ou pessoais ao marido com frequência. Fazia alguns gracejos atrevidos ou amorosos e falava longamente dos filhos. As cartas de ambos eram quase sempre acompanhadas de pequenos pacotes com guloseimas ou roupas novas.

Em 1711, a czarina desempenhou um papel diplomático de grande importância.

Em 1710, o embaixador da Rússia em Constantinopla, Andrei Tolstói, foi encarcerado na masmorra das Sete Torres. A guerra russo-turca era assim retomada com intensidade ainda maior. Nessa conjuntura, Chafirov, o ministro de Relações Exteriores russo, deu mostra de grande visão. Explicou ao czar que a única maneira de evitar o conflito contra o Império Otomano seria solicitar a mediação da França, cuja influência teria grande peso junto ao sultão. "Eu defendo toda a cristandade e não recuarei", respondeu Pedro, rejeitando os conselhos dos próximos que recomendavam uma retirada temporária.

O czar se enganava em sua estratégia. Rapidamente acuados na Moldávia e sem acesso a víveres, os soldados russos se sentiram perdidos. No auge do desespero, Pedro caiu em profunda depressão. Chafirov escreveu em suas *Memórias* que teve de arrancar uma pistola das mãos do czar, que pretendia se suicidar para não cair vivo nas mãos dos turcos. Nesse momento crucial, Catarina foi convocada a se juntar urgentemente ao marido na frente de batalha. Chafirov mandou uma grande soma em dinheiro ao grão-vizir para fazê-lo esperar, prometendo o dobro depois da assinatura do armistício. Conduziu então Catarina ao campo turco, onde discutiram as cláusulas do tratado de paz. O grão-vizir os visitava com frequência para conversar ou jogar xadrez.

A 12 de julho de 1711, Catarina e Chafirov voltaram ao campo russo tendo obtido o armistício. Ao ler o tratado, Pedro exclamou: "Você é um feiticeiro, Chapirka. Como conseguiu arrancar isto do grão-vizir?"

Chafirov sorriu com modéstia e, pegando o braço de Catarina, declarou: "Não fui eu quem salvou a Rússia. Foi ela."

De fato, a czarina tinha dado suas joias e uma soma de duzentos rublos de ouro ao grão-vizir e ao chefe dos janízaros. Na véspera do armistício, Pedro estava na iminência de abandonar suas conquistas na Turquia e na Suécia, exceto São Petersburgo, e mesmo de ceder a cidade de Pskov (uma das mais antigas da Rússia) à Suécia. A habilidade de sua mulher lhe permitiu evitar um fracasso diplomático considerável. Após esse episódio, ele criou a Ordem de Santa Catarina, com o seguinte lema: "Pelo amor e pela pátria." O único homem a receber a condecoração foi o filho de Menchikov, que a mereceu, de gozação, por sua timidez feminina nos bailes da corte. No século XIX, a honraria era usada para recompensar as senhoras por suas obras de caridade.

O czar foi obrigado a entregar apenas Azov e Taganrog, e assinou a paz com Carlos XII da Suécia.

Mas ao assinar o tratado, o grão-vizir exigira que Chafirov lhe fosse entregue como refém até o completo cumprimento de todas as cláusulas.

— Você salvou o meu empreendimento, Chapirka — disse o czar ao deixar a Turquia. — Terá o direito de me lembrar disso. Darei este anel a minha mulher para que lhe seja entregue quando voltar.

Chafirov só seria libertado em 1714. Pedro o cobriu de recompensas, apesar do sarcasmo de Menchikov, seu inimigo de sempre. Catarina o protegeu e o convidava quase diariamente a jogar cartas ou a relatar sua estada forçada na Turquia.

Em 1716, Chafirov recomendou a Pedro que se aproximasse da França, pois as relações entre os dois países se haviam tornado "agri-doces", no dizer do próprio czar.

Em 1717, o soberano chegou a Paris, soltando as rédeas de sua curiosidade. Entrava nas lojas, parava carruagens na rua, fazia perguntas aos cocheiros, conversava com eles. Em Versalhes, perseguiu mulheres nos jardins "exclusivamente para vê-las de perto". E lhes deu tanto dinheiro para compensá-las, que não demorou e as alamedas de Versalhes estavam cheias de mulheres passeando à espera de uma nova visita dos "bárbaros russos"!

Pedro, o Grande, visitou museus e arsenais, fundições de estátuas, coleções anatômicas de cera, a manufatura dos Gobelins. Do Palácio dos Inválidos ao Observatório, de Marly a Saint-Cyr, perguntava, tomava notas, traçava croquis. Passou em revista as tropas da Casa Real na alameda dos Champs-Élysées, assistiu a uma sessão da Academia de Ciências e a uma audiência do Parlamento... Estamos muito longe do Pedro que, em 1697, deixara a assembleia boquiaberta com sua grosseria. Referindo-se a ele, o ministro francês Rambaud diria: "É o maior hóspede estrangeiro jamais recebido em Paris."

Na rua, os comentários não eram tão favoráveis. Nos primeiros dias da visita, causava espanto aquele soberano que pouco estava ligando para a etiqueta. As esquisitices do czar e do seu séquito eram motivo de comentários; falava-se da estranha carruagem que mandara construir para seu uso.

Saint-Simon, por sua vez, reconhecia no czar "um resto de costumes bárbaros, mas ao mesmo tempo, quanta grandeza!".

Logo se começou a falar na corte de um casamento entre Luís XV e a czarevna Elisabeth, segunda filha de Pedro. Os cortesãos, tendo visto o czar abraçar calorosamente o rei da França e sussurrar algumas palavras ao regente, concluíram que o acerto fora feito. O marechal de Tessé relata em suas *Memórias* a conversa que teve com Chafirov em Versalhes:

"A formidável potência da casa da Áustria não o deixa alarmado? Troquem a Suécia por nós, e contribuiremos com tudo que vocês poderiam esperar dela frente à Áustria."

A 4 de agosto de 1717, a França, a Prússia e a Rússia assinavam em Amsterdã o seguinte acordo:

"... As partes contratantes se comprometem a contribuir por seus bons ofícios para manter a tranquilidade pública restabelecida pelos tratados de Utrecht e Baden, assim como os que serão firmados para a pacificação do Norte..."

O czar e o rei da Prússia aceitaram que a França servisse de intermediária no conflito entres esses dois países e a Suécia. Novas perspectivas pareciam se descortinar entre São Petersburgo e Versalhes. Mas já à noite, no mesmo dia da assinatura, em conversa particular com o embaixador Kurakin, o cardeal Dubois rechaçava o noivado de Elisabeth da Rússia com Luís XV, propondo outros candidatos, como o duque de Chartres e o duque de Bourbon. E assim, o casamento que deveria resultar numa estreita aliança franco-russa não se deu. Não vendo a coisa com bons olhos, os diplomatas prussianos também começaram a buscar outros noivos para Elisabeth. E em Paris, aliás, já se contemplava o casamento de Luís XV com a filha de Estanislau Leszczynski, o rei destronado da Polônia...

Enquanto isso, Catarina preparava uma surpresa para o marido. Em segredo, ela mandara construir um palácio em pleno campo, a cerca de vinte quilômetros de São Petersburgo. O prédio de pedra, com dois andares, se erguia numa colina dominando a planície que se estendia até o Neva e a cidade. Quando o czar voltou da França, sua mulher disse que encontrara um lugar ideal para construir uma casa... No dia seguinte, um numeroso séquito se deslocou da nova capital. Por ordem do czar, era seguido por uma carroça transportando uma tenda destinada a abrigar os convidados no almoço. Ao pé da colina se estendia uma avenida de tílias, e ao fundo se via a residência. Catarina disse então: "Aí está a casa de campo que construí para meu senhor." No auge da alegria, Pedro abraçou a esposa, dizendo: "Vejo que quer me mostrar que existem lugares belos ao redor de São Petersburgo, mesmo não sendo à beira d'água!" As surpresas se sucediam para Pedro. Depois de percorrer o palácio com ele, a czarina o levou à sala de jantar, onde os esperava uma mesa magnífica. O czar fez um brinde ao talento de arquiteta de Catarina. Quando ela também ergueu a taça em homenagem ao senhor da casa, onze canhões escondidos no parque dispararam uma salva. A propriedade seria batizada de Tsarskoie Selo ("a aldeia do czar"). Mais tarde, a filha do casal, Elisabeth, encomendaria ao arquiteto Rastrelli a construção, ali mesmo, de um esplêndido palácio de paredes azuis, que levaria o nome de Catarina I.

Em meio a todo esse júbilo, um drama de família deixaria a Rússia enlutada.

Enquanto se prolongava a guerra do Norte, aumentava a insatisfação no país. Uma efetiva oposição se cristalizara em torno do filho de Pedro e da ex-czarina Eudóxia, e a Rússia secular parecia querer se alinhar com o czaréviche Alexei. O jovem tuberculoso nunca perdoara o pai por seu comportamento com Eudóxia e seu casamento com Catarina, "a puta".

Casado com a princesa Charlotte de Brunswick, Alexei preferia a companhia de sua amante Afrossínia, uma alegre camponesa finlandesa. Em outubro de 1715, Charlotte morreu ao trazer ao mundo o futuro Pedro II. No dia do enterro, Catarina deu à luz um menino que também recebeu o nome de Pedro.

Dias depois, Alexei recebeu uma carta do pai, acusando-o de conspiração subversiva. Apavorado, o czaréviche seguiu os conselhos dos amigos e fugiu, inicialmente para a Áustria, acompanhado da amante disfarçada de homem, para em seguida se refugiar na Itália. Na época, Viena era o quartel-general dos refugiados políticos russos. No exílio, Alexei continuava acusando o pai. Pedro então enviou emissários por toda a Europa para localizar o filho. Quando Alexei, começando a ficar sem dinheiro, chegou a Viena, já era esperado por Tolstói, um dos mais perspicazes investigadores do czar. Ele o convenceu a voltar à Rússia, com a promessa de um salvo-conduto, mas assim que chegaram à fronteira, Alexei foi detido.

Tolstói, Menchikov e o senador Púchkin foram nomeados chefes da comissão de inquérito que decretou a detenção de milhares de opositores. Os irmãos e primos de Eudóxia, seu amante, centenas de boiardos, entre eles o príncipe Dolgoruki, caíram nas mãos do carrasco. A ex-czarina foi exilada num convento do lago Ladoga. Menchikov mandou prender a amante do czaréviche e atirá-la na prisão da fortaleza Pedro e Paulo, onde Pedro, em pessoa, se encarregaria do seu interrogatório. A jovem não foi torturada, mas contou ao czar o que seu filho tinha em mente: depois de subir ao trono, Alexei pretendia permanecer tranquilamente em Moscou, dissolver grande parte do exército e aniquilar a esquadra. Os sonhos do czaréviche estavam voltados sobretudo, portanto, contra tudo aquilo que Pedro considerava a grande realização de sua vida e uma necessidade vital para a Rússia. Alexei foi denunciado como chefe de uma rede de conspiradores voltada contra "a vida do czar" e "a segurança do Estado" e condenado a ser chicoteado até morrer — missão de que se incumbiram os homens de Menchikov e o próprio Pedro, no subsolo da sinistra fortaleza de Schlüssemburgo, a 26 de junho de 1718. A historiografia russa não encontrou qualquer prova de uma conspiração contra o czar. Donde se depreende que um número crescente de insatisfeitos demonstrava simpatia pelo czaréviche, e que a razão de Estado e os interesses da Rússia haviam determinado a sua eliminação.

Depois da morte de Alexei, Pedro começou a preparar o advento de seu segundo filho, Pedro. Infelizmente outra tragédia atingiria em cheio o soberano. Certo dia, no parque do Palácio de Peterhof, caiu uma tempestade de rara violência, obrigando as governantas e o menino a se refugiar numa gruta, perto da cascata dos Monstros, onde foram atingidos por um raio.

Inconsolável, o czar chorou durante dias inteiros diante da cama vazia.

E se tornou cada vez mais melancólico. Ao seu redor, os colaboradores brigavam constantemente. Menchikov, então promovido a príncipe sereníssimo de Ijora, estocara milhões de rublos. A corrupção era onipresente.

Em 1721, a guerra do Norte, que havia durado vinte e um anos, chegou ao fim, graças ao empenho do mediador francês Campredon. A situação da Rússia longe estava de ser de prosperidade. A guerra, as revoltas, as obras faraônicas da construção de São Petersburgo, feita sobre pântanos, haviam arruinado o país e custado a vida de centenas de milhares de russos. Pedro não parecia se dar conta da gravidade dos problemas.

De volta de Astracã, o casal imperial chegou no fim de novembro de 1722 para o carnaval de Moscou. O embaixador da Saxônia deixaria um relato dos festejos: "O desfile consistia em sessenta trenós representando navios. No primeiro, um Baco que não podia ser mais realista, pois haviam providenciado para que não ficasse sóbrio durante três dias e três noites. Depois vinha um trenó puxado por quatro porcos e outro por dez cães. Seguia-se o colégio de cardeais em trajes de pompa, montados em bois. Era seguido por um papa cercado de seus arcebispos benzendo a multidão, e depois pelo príncipe César entre dois ursos. A atração principal do desfile era uma fragata em miniatura, de dez metros de comprimento, com dois conveses e três mastros, todas as velas içadas, e armada com trinta e dois canhões. Trajando uniforme de marinheiro, o czar, postado no convés, manobrava o velame. Esse espetáculo assombroso era seguido de uma serpente marinha de trinta metros, tendo a cauda sustentada por oitenta pequenos trenós interligados, de tal maneira que ela ondulava na neve. Depois da serpente vinha uma barcaça dourada trazendo Catarina vestida de camponesa frísia e acompanhada de membros de sua corte fantasiados de negros. Mais adiante, sucessivamente, Menchikov caracterizado como abade, outros personagens ilustres como alemães, poloneses, chineses, persas, circassianos e siberianos. Desfilando juntos, os emissários estrangeiros usavam túnicas azuis e brancas com capuz, enquanto o príncipe da Moldávia vinha vestido de turco."

O ano de 1723 foi o da desgraça de Menchikov e da condenação à morte de Chafirov, acusado de corrupção.

A 15 de fevereiro, o baixinho foi conduzido ao cadafalso, vestindo apenas um roupão grená. Quando o carrasco ia levantar o machado, chegou um emissário do czar com um decreto comutando a pena por exílio perpétuo na Sibéria. Mas Catarina não esquecera o anel ofertado a Chafirov quando partiu da Turquia, que simbolizava uma dívida do czar. O condenado foi então autorizado a se retirar para Novgorod. À morte de Pedro, Catarina o fez voltar a São Petersburgo e reinstituiu seus títulos.

Nesse ano de 1723, antes de trocar Moscou pela capital, Pedro convidou a czarina a um incrível espetáculo: o incêndio da casa de madeira de Preobrazhenskoye, onde começara a preparar em segredo a guerra contra a Suécia. Ele mesmo encheu os armários de substâncias inflamáveis coloridas e fogos de artifício, ateando fogo em seguida. Muitas pequenas explosões e chamas de todas as cores se projetaram da fogueira. Por alguns momentos, a silhueta escura da pesada estrutura se destacou contra um arco-íris incandescente, até afinal desmoronar. Quando só restavam escombros fumegantes, o czar disse:

"Eis a imagem da guerra: vitórias brilhantes seguidas de destruição. Que desapareça, com essa casa onde tracei meus primeiros planos contra a Suécia, qualquer pensamento capaz de armar meu braço contra esse reino, e que ele seja sempre o aliado mais fiel do meu império."

Muitas comemorações se sucederam no verão. Para limpar o organismo de todas essas bacanais, Pedro há algum tempo cumpria temporadas de cura em estações de águas ferruginosas recém-descobertas, a cerca de quarenta quilômetros de São Petersburgo. Gostava de visitá-las no inverno, o que lhe permitia atravessar o lago de trenó. Muitas vezes Catarina o acompanhava. O czar tinha um jeito curioso de cumprir as recomendações médicas. Era capaz de beber até vinte e um copos dessa água numa só manhã. Mas ficava proibido de ingerir frutas frescas, pepinos, limões salgados e certos queijos durante o tratamento; pois bem, eis que um belo dia, depois de beber da água, ele comeu uma dúzia de figos e várias libras de cerejas! Para quebrar a monotonia da vida nessas estações, esculpia objetos de madeira ou marfim, e quando se sentia novamente com forças, visitava as forjas das imediações para trabalhar o ferro em barras ou em chapas.

Em novembro de 1723, um *ukaz* anunciou a coroação de Catarina: "Como nossa querida esposa, a imperatriz Catarina nos foi de grande ajuda, nos acompanhando sempre, assistindo a nossas operações de guerra por livre e espontânea vontade e de bom grado, sem evidenciar as habituais fraquezas do seu sexo, resolvemos, em virtude do poder soberano que exercemos, coroar nossa esposa em reconhecimento por tudo isso, o que se fará infalivelmente com a vontade de Deus, neste inverno, em Moscou."

Ao fazer imperatriz uma camponesa lituana que entrara na Rússia como cativa, o czar assumia certos riscos. Mas ninguém se opôs quando ele declarou perante vários senadores e dignitários eclesiásticos que a esposa seria coroada para ter o direito de governar o país.

Habitualmente frugal, Pedro fez questão de uma cerimônia de máximo fausto. Foram convidados o Senado, o Santo Sínodo, oficiais e nobres de todos os graus. Um manto de coroação foi encomendado em Paris, e o melhor joalheiro de São Petersburgo foi encarregado de criar uma coroa mais esplêndida que qualquer outra jamais usada por um soberano russo. A liturgia não se daria na cidade de Pedro, mas no Kremlin, seguindo a tradição dos antigos czares.

Ao alvorecer de 7 de maio de 1724, um tiro de canhão disparado do Kremlin deu o sinal. Do cortejo participavam dez mil homens da guarda imperial, além de um esquadrão de cavaleiros em montarias requisitadas a comerciantes moscovitas. Às dez horas, os sinos da cidade começaram a ser tocados. Acompanhados dos altos dignitários do Estado, Pedro e Catarina apareceram na "escadaria Vermelha" do Kremlin. A czarina trajava um vestido violeta bordado a ouro, precisando de cinco damas de honra para carregar a cauda. Pedro usava túnica azul céu bordada a prata e meias de seda vermelha. Os dois desceram a escada, atravessaram a praça e entraram na catedral da Assunção. No centro, numa plataforma encimada por dossel de veludo e ouro, duas poltronas incrustadas de pedras preciosas lhes estavam destinadas.

O casal foi recebido na entrada da igreja pelos dignitários da Igreja Ortodoxa. O patriarca lhes ofereceu a cruz, para ser beijada, e os conduziu aos tronos. No momento mais solene, o czar levantou-se, recebeu do patriarca a coroa imperial e então, voltando-se para o público, declarou: "Pretendemos coroar nossa bem-amada esposa." Pousou ele mesmo a coroa na cabeça de Catarina e lhe entregou o globo, mantendo na outra mão o cetro, símbolo do poder supremo. A coroa era incrustada de dois mil quinhentos e sessenta e quatro diamantes, pérolas e outras pedras preciosas; no alto, uma cruz de diamantes por cima de um rubi do tamanho de um ovo de pombo.

Nesse momento, Catarina, com lágrimas escorrendo pelo rosto, ajoelhou-se diante dele e quis beijar sua mão, mas ele a retirou, e quando ela fez menção de abraçar seus joelhos, levantou-a. Em meio ao repicar dos sinos e ao trovejar dos canhões, a saída do casal imperial foi acompanhada de cantos.

Depois da cerimônia, Pedro voltou ao palácio para repousar, pois ainda se sentia fraco desde o tratamento. Catarina liderou sozinha o cortejo que seguiu para a catedral do Arcanjo São Miguel para um momento de recolhimento junto ao túmulo dos czares, em obediência ao costume. O manto imperial com centenas de águias bicéfalas bordadas a ouro era tão pesado que ela precisou fazer algumas paradas. Menchikov caminhava atrás da czarina, jogando moedas de ouro e prata para a multidão. Na Praça Vermelha, dois enormes bois recheados de caças e aves eram assados, enquanto emanava vinho branco e tinto de duas fontes.

Em obediência à vontade manifestada pelo marido, Catarina agora era reconhecida como regente e soberana, caso Pedro morresse antes dela.

Mas às vezes uma vitória esconde uma tragédia. Há algumas semanas já, um jovem alemão nascido na Rússia, elegante, alegre, inteligente e ambicioso, tornara-se confidente da czarina. Inicialmente secretário, ele fora elevado à condição camareiro-mor. Chamava-se William Mons e era, de certa forma, um "parente indireto" do czar, pois vinha a ser o irmão menor de Anna (que fora amante de Pedro vinte e cinco anos antes). Como a linhagem Mons adquirira valor inestimável, o círculo do soberano se sentiu preterido. E Catarina, por sua vez, parecia a essa altura subestimar o ciúme do marido.

Na noite de 8 de novembro de 1724, o czar jantou em companhia da mulher e das filhas e trocou algumas palavras com Mons. Dizendo-se cansado, perguntou a Catarina que horas eram. Eram nove horas. "Hora de todo mundo ir para a cama", disse Pedro. Mons por sua vez voltou para casa, de bom humor. No céu se projetavam os ramos negros das árvores, salpicados de estrelas reluzentes. Mal tinha ele se despido e o general Uchakov entrou em seu quarto e o prendeu por corrupção. No dia seguinte, na presença de Pedro, ele confessou aquilo de que era acusado: "Propinas, desvio de fundos em detrimento da czarina." Durante dois dias, um pregoeiro percorreu as ruas de Moscou, exigindo que todos aqueles que tivessem passado propinas a Mons se apresentassem, sob pena de punição.

Catarina não obteve clemência para seu protegido. Na véspera da execução, Pedro visitou a cela do acusado para dizer que lamentava perder um homem tão talentoso, mas que seu crime não podia passar sem punição.

A 16 de novembro, William Mons foi levado de trenó ao local da execução e decapitado. Depois do desenlace, o czar obrigou a mulher a dar uma volta de trenó em torno do cadafalso. Catarina, que sempre negara ter sido amante do rapaz, manteve-se totalmente impassível, sabendo que ao menor sinal de emoção Pedro seria capaz de estrangulá-la ali mesmo.

Mas o caso envenenou a vida do casal imperial. Pedro e Catarina mal se falavam, não mais faziam juntos as refeições e dormiam em quartos separados. O estado depressivo do czar se agravou. Ele caminhava horas e horas pelas ruas da cidade, isolado, perdido. Às vezes, refugiava-se nas praias do Báltico para ouvir as gaivotas raivosas ou queixosas pressentindo a tempestade do dia seguinte.

O reinado de Pedro chegava ao fim. Seus colaboradores mais próximos já nutriam os projetos mais fantásticos, como Menchikov: "Como Pedro será sucedido por Catarina, preciso apenas me divorciar para casar com ela e me tornar o czar todas as Rússias..."

Em meados de janeiro, relatavam as crônicas: "A czarina fez uma demorada genuflexão diante do czar. A conversa durou mais de três horas, e chegaram a cear juntos."

A degradação constatada no estado geral do país coincidia com a da saúde do czar. A este respeito, escrevia o embaixador da Prússia a seu soberano, Frederico Guilherme: "Nenhuma expressão seria exagerada para dar a Vossa Majestade uma ideia precisa da negligência e da confusão intolerável com que são tratadas aqui as questões mais importantes, de tal maneira que nem os emissários estrangeiros nem os ministros russos sabem para onde se voltar. Destes, só obtemos suspiros à guisa de respostas, e eles se confessam desesperados ante as dificuldades com que se deparam a cada momento. Aqui, nada é considerado importante se não estiver à beira do precipício."

Colheitas ruins por dois anos seguidos, acusações de corrupção dos mais altos dirigentes do país e por fim o caso Mons: nada mais parecia dar certo na Rússia. Os fins de reinado sempre são tristes. Nos palácios, os criados nem providenciavam mais a lenha no inverno se não recebessem ordem direta do czar.

Só Catarina conseguia acalmar o marido, descansando a cabeça em seus joelhos. Em 1724, ele tinha apenas 52 anos, mas sua esplêndida constituição física estava comprometida pelos excessos. Além de todos os outros problemas de saúde, ele sofria de cálculos nos rins.

A 25 de janeiro de 1725, o czar sentiu-se mal. Ainda lançou mão da pena para redigir seu testamento, mas o tremor lhe permitiu traçar apenas estas três palavras: "Lego tudo a..." Só Deus saberia a quem, pois ele entrou em coma e morreu no dia seguinte.

O decreto promulgado por Pedro em 1722 para privilegiar a esposa possibilitava aos monarcas russos nomear o herdeiro que quisessem, de qualquer dos sexos. Esse documento fundamental permitiria às mulheres reinar na Rússia por quase todo o século XVIII. Ao longo de setenta anos, se sucederiam no trono Catarina I, duas Anas, Elisabeth e Catarina II.

O século das imperatrizes

Um rufar de tambores no pátio do palácio atraiu todo mundo às janelas. Reunidos sob o céu de uma noite estrelada, os guardas se perfilavam em fileiras cerradas ao redor dos edifícios. O príncipe Repnin ficou indignado:

— Quem se achou no direito de convocá-los?

— Excelência — respondeu friamente o comandante da guarda —, é uma ordem expressa da nossa soberana, a imperatriz Catarina, a quem o senhor mesmo, eu e todos os súditos fiéis devemos obediência imediata e incondicional.

Os soldados, muitos em lágrimas, exclamaram:

— Nosso Paizinho morreu, mas nossa Mãezinha está viva!

E assim Catarina foi proclamada "autocrata com todas as prerrogativas do seu falecido esposo".

O dia nascera, e nas primeiras horas a névoa se acumulava no horizonte nevado. Pálida, os olhos pisados, a czarina disse soluçando que estava "viúva e órfã". Os guardas de chapéu de astracã, alamares de prata, calças azuis e botas pretas aclamaram a nova autocrata.

A camponezinha, criada de pastor livônio, amante de Menchikov e viúva de Pedro, o Grande, agradeceu à assembleia com um sorriso.

Por força das coisas, o campo da soberana atraiu novos rostos, homens que Púchkin chamaria de "passarinhos do ninho de Pedro". O destino desses aventureiros estava ligado ao da nova capital. Eles teriam tudo a perder com uma mudança no poder. Contando mais com as velhas famílias de boiardos, o campo adversário começou a jogar Moscou contra São Petersburgo. A fim de se opor ao controle de

Catarina e seus aliados, a oposição pretendia enterrar o czar Pedro, o Grande, na catedral do Arcanjo em Moscou, ao lado dos antepassados. Mas o funeral solene de Pedro na catedral da fortaleza de Pedro e Paulo, em São Petersburgo, assinalaria o fracasso daquele plano.

Durante mais de um mês, o corpo embalsamado do czar ficou exposto num salão de paredes cobertas de tapeçarias francesas presenteadas a Pedro durante sua estada em Paris. O público foi autorizado a desfilar junto ao caixão, em derradeira homenagem ao soberano.

Uma outra dor se abateu sobre Catarina. Dias depois da morte do marido, sua filha Natália, de 7 anos, também morreria. A 8 de março de 1725, os dois ataúdes foram transportados para a catedral sob uma tempestade de neve. Catarina vinha à frente do cortejo, seguida por cento e cinquenta damas da corte e uma fila imensa de cortesãos, altos dirigentes, emissários estrangeiros e oficiais, todos de cabeça descoberta sob a borrasca. Ao pronunciar a oração fúnebre, o arcebispo Teófano Prokopovich comparou Pedro a Moisés, Salomão, Sansão, Davi e Constantino, e afinal expressou a tristeza que tomara conta de todos: "Que foi que nos aconteceu? Onde é que estamos, russos? Que estamos vendo? Que fazemos? É Pedro, o Grande, que estamos enterrando!"

O reinado de Catarina I duraria apenas dois anos, o suficiente para patrocinar a expedição científica de Bering, que descobriria o estreito separando a Ásia da América, para inaugurar a Academia de Ciências de São Petersburgo e restringir seriamente os poderes do Senado. Ela prosseguiu com fidelidade a política e as reformas de Pedro. Pragmática e lúcida, mandava pagar em dia os soldos, distribuir novos uniformes e promover muitos desfiles militares.

Mas o verdadeiro senhor do país era Menchikov. A 8 de fevereiro de 1726, assim, um ano depois da subida de Catarina ao trono, foi criado um novo organismo para "diminuir o pesado fardo do governo de Sua Majestade".

Em 1727, Catarina se apaixonou por um jovem oficial. Decidida a se livrar do excesso de peso que a impedia de dançar, fez uma dieta de emagrecimento que ocasionaria problemas cardíacos.

A 21 de janeiro, a imperatriz participou da bênção das águas geladas do rio e passou em revista vinte mil homens. Essas horas passadas no frio causaram febres e sangramentos no nariz que a obrigaram a ficar de cama durante dois meses. Depois de se recuperar, ela teve uma recaída e morreu dormindo a 6 de maio de 1727.

Sentindo chegar o fim, a czarina designara como sucessor o grão--duque Pedro, neto de Pedro, o Grande, e filho do czaréviche Alexei, nomeando como regentes os membros do Alto Conselho secreto. Suas filhas Elisabeth e Ana, duquesa de Holstein, contando respectivamente 16 e 17 anos, também fariam parte dele.

No dia seguinte, o "testamento" da czarina foi lido com solenidade:
Primeiro sucessor: czaréviche Pedro.
Segundo sucessor: Ana, duquesa de Holstein, filha de Pedro, o Grande.
Terceiro sucessor: czarevna Elisabeth.
Quarto sucessor: czarevna Natália, irmã de Pedro, o Grande.

Nesse contexto, Menchikov se tornava o homem forte do regime. Certos adversários, como a duquesa de Holstein e seu marido, preferiram deixar o país. Encantado com sua partida, Menchikov lhes concedeu generosa pensão às custas do tesouro russo. Passado um ano, a 28 de maio de 1728, Ana morria em Kiel, depois de dar à luz um filho, o futuro Pedro III. Agora Elisabeth era a única sobrevivente dos doze filhos de Catarina I e Pedro, o Grande.

A 8 de maio de 1727, Pedro II subia ao trono da Rússia.

O jovem imperador era bonito, de porte robusto e alto. Há algum tempo já sentia grande afeto por sua tia Elisabeth, que gostava de montar a cavalo, caçar e dançar em sua companhia. Ivan Dolgoruki, queridinho de Pedro, um rapagão robusto de 20 anos, estava sempre com eles.

Se no início não dava mostra de se preocupar muito com as questões de Estado, logo o czar passaria a se interessar por elas. Cercado de jovens da sua idade, queria governar com os amigos. Pedro se reunia regularmente com eles e tomava nota de suas decisões em cadernos escolares que em seguida entregava a Menchikov e ao verdadeiro Alto Conselho secreto. Começando a sentir a própria força, recusou--se então a dar prosseguimento às aulas com o preceptor Ostermann.

Diz a lenda que Menchikov, contrariado com a nova atitude do czar, mandou que o conduzissem ao seu próprio palácio. Tirou-lhe as calças e lhe aplicou um corretivo. Lívido, o adolescente teria dito apenas, friamente: "Veremos quem é o imperador, você ou eu."

Para fortalecer sua posição, Menchikov tentou arranjar o noivado do czar com sua própria filha, Maria, então com 16 anos. Em vão. Tendo conseguido fugir para Peterhof, Pedro imediatamente convocou alguns altos dirigentes do império. Nessa reunião, tomou-se a decisão de mandar Menchikov terminar seus dias na Sibéria. Exilado em setembro de 1727 na cidadezinha de Berezov, despojado de bens e títulos, ele morreria depois de sua mulher, Daria, deixando sozinha a filha Maria, efêmera noiva do czar Pedro II.

O príncipe Alexei Dolgoruki, pai de Ivan, tornou-se então o homem de confiança do jovem imperador. Para reforçar sua posição, introduziu a filha Catarina, de 16 anos, no círculo dos amigos de Pedro. Seu desejo secreto era casar Catarina com o czar, e seu filho, Ivan, com a czarevna Elisabeth. Depois de um magnífico jantar regado à bebida, Dolgoruki deixou a filha sozinha com o czar uma noite inteira. No dia seguinte, Ivan declarou: "A honra exige que o imperador case com Catarina..."

Dias mais tarde, a decisão do czar era anunciada ao povo: ele casaria com a princesa Dolgoruki e Moscou voltaria a ser a capital da Rússia. "Está na hora de reconciliar os súditos do império que meu avô nos deixou. É o que faremos Catarina e eu."

O corpo do czaréviche Alexei foi então enterrado na fortaleza de Schlüssemburgo. O país todo comemorava, aprovando um jovem czar de temperamento firme, mas não cruel. Como o pai, ele respeitava as tradições da velha Rússia, ao mesmo tempo mostrando-se aberto ao mundo exterior, como seu avô. Pedro II se recusou então a voltar para São Petersburgo. "Que é que eu vou fazer num lugar onde só há água salgada?", perguntava. Aos poucos, os serviços governamentais retornaram à antiga capital.

A vida deixaria em suspenso o desenlace dessa comédia de costumes, pois no início de 1730 Pedro adoeceu. Diagnóstico: varíola. Seu estado se agravou e o levou à morte a 11 de janeiro, véspera das bodas. Ele acabava de completar 15 anos.

A sucessão seria agitada. Um testamento falso, redigido pelos parentes da noiva, previa a ascensão de Catarina ao trono. No fim das contas, o Alto Conselho secreto optou em favor de Ana, filha menor de Ivan V, meio irmão de Pedro, o Grande.

Ana era tida como mulher calma, refletida e frugal, sujeita ao regime do seu pequeno ducado de Curlândia. As condições da subida ao trono da Rússia foram das mais severas: ela teve de prometer que governaria em concordância com o Alto Conselho secreto, nada decidiria sozinha e dependeria de uma contra-assinatura dessa instituição para todos os seus atos. Também foi solicitado que não trouxesse à Rússia o seu amante, Biron, antigo cavalariço da corte. Ana se conformava completamente à influência do favorito. Ainda assim, aceitou as condições.

Trajando roupas novas, a nova czarina se despediu em lágrimas de Mittau, capital da Curlândia, deixando Biron e seus cães favoritos, os pequineses, no seu "pardieiro de Curlândia" (Mittau era um povoado muito pobre). A guarda a escoltou até Moscou. Durante a viagem, ela ouviria dos oficiais: "Nós, russos, há muito tempo estamos acostumados a servir a *um* tirano. Por que haveríamos de ser escravos de *vários* tiranos? Não aceite as condições do Conselho secreto..."

No salão de abóbadas cobertas de iluminuras do Kremlin, Ana recebeu o Alto Conselho secreto e a nobreza moscovita. Enquanto observava atentamente as idas e vindas dos dignitários, acariciava um talismã: um botão do casaco de Biron!

Não demorou, e o salão foi tomado pelos oficiais da guarda. Um deles se ajoelhou diante de Ana e pediu mais uma vez:

— Queremos uma czarina autocrata, não queremos saber desse Alto Conselho secreto.

Ana perguntou:

— Mas vocês não tomaram conhecimento das condições impostas pelo Alto Conselho? Não foram consultados por ele?

— Não, majestade — respondeu um major.

Ana virou-se para o príncipe Dolgoruki, o membro mais influente do Conselho:

— Quer dizer que você me enganou?

Os oficiais da guarda nem deixaram o príncipe responder, rechaçando-o para o fundo do salão. A duquesa de Curlândia pegou o pergaminho com as "condições" que havia aceitado e, mostrando-o a todos, o rasgou sob aclamação da guarda, declarando: "E se eu não cumprir minha promessa, se faltar com a minha palavra, então, que me seja retirada a coroa da Rússia." À noite apareceu no céu de Moscou uma aurora boreal, fenômeno raríssimo naquela latitude. E foi tomada como um mau presságio...

O reinado de Ana começou a 25 de fevereiro de 1730, quando tinha 37 anos. Tendo vivido quase dezoito anos na Curlândia, a nova imperatriz tinha gostos ocidentais, e estimulou a corte a voltar a São Petersburgo.

Para comemorar a subida ao trono, Ana ofereceu um magnífico banquete seguido de baile. A seu lado estava o querido Biron. Ela também mandara buscar seus pequineses, acomodados numa peça ao lado dos seus aposentos.

Uma sopa de peixes do Volga, centenas de esturjões do mar Cáspio, sterlets, caviar, incontáveis presuntos da Sibéria e do Ural, vinhos franceses e italianos, além de vodca, foram oferecidos aos convidados. Alta e majestosa, Ana abriu o baile nos braços de um coronel da guarda, manifestando assim abertamente seu desejo de contar com o apoio do exército. Durante muito tempo se comentou em toda a Europa essa festa de glorificação da nova czarina, que fora capaz de desarmar as intrigas de algumas grandes famílias desejosas de instaurar na Rússia um regime constitucional...

Ana não gostava muito do Kremlin, onde cada cômodo a lembrava de uma infância infeliz ao lado do pai, Ivan V, um simplório. Só se sentia bem no seu palácio de madeira de Ismailski, perto de Moscou, e só se dedicava aos assuntos oficiais depois de cuidar do amante e dos cães. Biron e os pequineses a seguiam em toda parte.

A imperatriz tinha como contadora de histórias uma anã de origem calmuque. Durante horas, a mulher narrava para ela lendas em torno das superstições dos habitantes das estepes perfumadas de Astracã. O fim trágico dessa contadora ficaria nos anais da história. Um belo dia, a czarina decidiu casar a velha solteirona, conhecida por sua deformidade, com o príncipe Golitsyn, convertido ao catolicismo e por isto reduzido ao papel de bobo da corte. E mandou construir um palacete à beira do Neva, no qual paredes e móveis eram talhados no gelo. O corpo diplomático foi convidado a ver a imperatriz conduzir o casal à nova residência. O noivo estava fantasiado de Papai Noel, e sua mulher, de filha de Papai Noel. No dia seguinte à boda, os dois foram encontrados mortos. Ana ordenou que os corpos fossem deixados no palácio de gelo, que derreteu na primavera, arrastando-os para dentro do Neva.

Cansada de festas, a czarina se fechava com Biron, seus pequineses, seus anões e cartomantes e esquecia as obrigações oficiais. A caça era uma das suas distrações favoritas. Já no dia seguinte à subida ao trono, ela mandara colocar fuzis carregados em todos os compartimentos do palácio. Quando lhe dava vontade, abria uma janela e abatia um pássaro em pleno voo. Muitas vezes as damas de companhia tinham de participar da brincadeira, para não serem dispensadas do cargo.

Enquanto a czarina se entregava a essas diversões, o país atravessava uma grave crise econômica. Um dos observadores, o duque de Liria, escreveria: "A Rússia está chegando ao limite de suas possibilidades fiscais e não consegue mais nada com seu sistema de impostos. O poder não reconhece mais o direito de propriedade dos súditos e confisca seus lucros a qualquer pretexto."

Quando um embaixador francês quase reinou na Rússia

Na primeira metade do século XVIII, a França não estava em muito bons termos com a Rússia. O Império Otomano, a Suécia e a Polônia sempre haviam contado com sólido apoio de Versalhes para fazer frente a Moscou. Na Europa, a situação andava tensa, e todos estavam em busca de um aliado. Como a França era considerada a grande potência do continente, a Inglaterra fazia de tudo para privá-la de sua hegemonia. Ana não se esforçou muito para mudar a política externa dos seus conselheiros, favoráveis à Prússia, para enorme contrariedade do marquês de La Chétardie, embaixador da França na Rússia.

Vigiada e sob suspeita, a filha de Pedro, o Grande, Elisabeth, conhecida por sua simpatia pela França, tinha deixado a Corte durante o reinado de Ana, para se estabelecer em Moscou, no palacete de Izmailovo.

Sem filhos, a czarina Ana Ivanovna queria manter no poder a linhagem do pai. Mandou chamar, então, sua sobrinha Ana Leopoldovna e o marido Antônio Ulrich, príncipe de Brunswick-Luneburgo, e proclamou o filho de ambos, Ivan, herdeiro do trono.

A 28 de outubro de 1740, morria a czarina Ana Ivanovna, deixando na regência seu amante Biron, "até a maioridade de Ivan VI". No século XIX, o historiador Kliuchevski assim resumiu o seu reinado: "Uma página das mais sombrias da nossa história, mas a mancha mais negra nessa página foi a própria czarina..."

Com um czar de nove meses de idade e um regente de origem alemã, a Rússia estava mesmo em maus lençóis. Mas Biron não ficou muito tempo no posto. Na manhã de 9 de novembro de 1740, seria conduzido à fortaleza Schlüssemburgo e condenado ao exílio perpétuo na Sibéria; Ana Leopoldovna, sobrinha da falecida czarina, por sua vez se tornava regente.

Mais uma vez o rufar dos tambores acompanharia o advento de uma mulher.

O povo, a maioria dos oficiais da guarda e a quase totalidade de seus homens ainda viviam a nostalgia do reinado de Pedro, o Grande. E não tinham esquecido sua filha menor... Elisabeth continuava solteira desde a morte do noivo, Carlos Augusto de Holstein. Alguns belos rapazes tinham amenizado sua solidão, e por enquanto ela se sentia ligada por uma grande confiança ao embaixador da França, La Chétardie. Este entendera que os conselheiros da czarina Ana, obedientes à Áustria, acabariam arrastando a Rússia a uma guerra contra a França. Por isso, o diplomata fomentou uma verdadeira conspiração a fim de levar ao trono a filha de Pedro, o Grande.

Tendo entrado para a história da diplomacia, essa amizade cheia de ternura parecia saída das páginas de um romance de capa e espada.

O marquês de La Chétardie tinha 34 anos ao chegar à Rússia, em dezembro de 1739, acompanhado de doze secretários, seis cozinheiros, cinquenta escudeiros e lacaios. Era um homem do século XVIII, superficial e frívolo, ora oficial, ora diplomata, mas sobretudo um mundano, grande sedutor perante o Eterno.

La Chétardie começou sua carreira russa com uma astúcia gastronômica. Para impressionar os habitantes de São Petersburgo, pediu à corte de Versalhes que lhe enviasse cem mil garrafas dos melhores vinhos franceses. A preciosa mercadoria logo destronaria os *tokay* húngaros nas recepções oficiais do Kremlin, tornando-se tão apreciada quanto a vodca.

Enquanto Ana Leopoldovna dava início a sua regência, promovendo uma política pró-alemã, o diplomata se encarregou de dar vida a uma oposição pró-francesa.

Entre 1739 e 1741, La Chétardie manteve laços privilegiados com Elisabeth. Como esclarece Michel Heller em sua monumental *História da Rússia e de seu império*, "o embaixador não hesitou em se insinuar na cama da princesa".

O marquês pediu que Elisabeth deixasse seu retiro moscovita para ir para São Petersburgo. Seu principal aliado no caso foi um certo Lestocq. Tendo chegado à Rússia na época de Pedro, o Grande, esse huguenote originário de Le Havre, na França, curandeiro, cirurgião, hipnotizador e espírita, rapidamente conquistou a confiança da czarevna.

Na época, Elisabeth era uma esplêndida mulher de 28 anos. Dona de uma vitalidade digna dos pais, tinha magníficos cabelos castanhos, belos dentes, uma boca encantadora e olhos azuis e expressivos. A czarevna gostava de festas e bailes à fantasia com homens travestidos de mulheres e vice-versa. Nada a divertia mais que observar velhos senhores de braços e panturrilhas cabeludos fantasiados de pastorinhas ou fadas. A certa altura, o embaixador convocou ao palácio um mestre de dança francês.

Ao mesmo tempo em que cortejava a grã-duquesa, La Chétardie não perdia de vista seu objetivo: elevar a protegida ao trono da Rússia, garantindo assim uma duradoura aliança entre os dois países.

A 22 de novembro de 1741, a regente ordenou que Elisabeth demitisse Lestocq e rompesse suas relações com o embaixador francês. Depois de violenta discussão, a grã-duquesa decidiu agir. Já à morte de Pedro II, Lestocq tentara convencer Elisabeth a fazer valer seus direitos ao trono. Em vão.

Mas nesse ano de 1741 a situação era outra. A czarevna contava com apoio não só da França mas também da Suécia. E dessa vez Lestocq conseguiu arrastá-la para os quartéis dos regimentos criados por Pedro, o Grande.

Elisabeth lembrou aos granadeiros de quem era filha e obteve sua total adesão à causa.

Perspicaz, La Chétardie distribuíra previamente grande quantidade de vinhos franceses aos granadeiros. A futura imperatriz prometeu indultar os condenados à morte, tomou a frente do cortejo e se dirigiu em plena noite para o palácio da regente.

Ao entrar no quarto de Ana Leopoldovna, Elisabeth a encontrou em companhia de sua querida amiga Iula Mengden:

— Está na hora de se levantar, irmãzinha.

Ana levantou-se e se entregou, calmamente. Pediu apenas que não fosse separada da amiga. Seu marido foi detido no Ministério da Guerra, onde costumava dormir desde o início das desventuras.

Em seguida, Elisabeth foi buscar o pequeno Ivan VI. O pobre menino, levado ao trono aos dois meses de idade e destronado aos quinze, viveria em segredo os vinte e dois anos que lhe restavam.

A língua e as maneiras francesas brilhariam na Rússia dali em diante, sucedendo ao período pró-alemão dos reinados anteriores.

Bem-sucedido o golpe de Estado, seus instigadores foram magnificamente recompensados. Lestocq recebeu o título de conde, e La Chétardie, o cordão da Ordem de Santo André, assim como a bela soma de um milhão e meio de libras.

A 28 de novembro, Elisabeth escrevia ao rei Luís XV, manifestando sua esperança de reforçar a amizade entre as duas cortes e ao mesmo tempo frisando o papel de La Chétardie nos recentes acontecimentos na Rússia. Mas em pouco tempo a vaidade do embaixador, no auge de sua glória, poria tudo a perder. Em seus despachos ao rei da França, o loquaz marquês não hesitou em contar suas performances com detalhes picantes. Reconhecia que de fato apreciava Elizabeth, "embora tenha ancas de cozinheira polonesa e não goste de se lavar com frequência". Além disso, esclarecia que o verdadeiro objetivo da França não era uma aliança com São Petersburgo, mas "o desejo de ver a Rússia continuar na sua nulidade". Movido por tais sentimentos, o belo marquês entrou em conflito com o poderoso vice-chanceler Bestujev-Riumin, que acabaria conseguindo que em 1742 o embaixador fosse mandado de volta à França.

La Chétardie voltou à Rússia dois anos depois, mas nunca mais teria a mesma influência sobre a imperatriz. E não sem motivo: Christian Goldbach, alto funcionário a serviço do vice-chanceler e matemático de talento, acabara de desvendar o código usado pelo embaixador francês nos seus despachos. Os documentos decifrados foram levados ao conhecimento de Elisabeth, que não perdoou os excessos de linguagem a respeito da relação que mantinham. Declarado *persona non grata*, La Chétardie foi conduzido à fronteira, sendo retirada sua prestigiosa condecoração da Ordem de Santo André. Ele também teve de devolver à imperatriz o seu retrato, uma miniatura ornamentada com diamantes oferecida no início da amizade.

Aquele que poderia ter-se tornado favorito ou, quem sabe, até imperador de todas as Rússias, partiu para o front na Itália, antes de tentar uma nova carreira diplomática, como embaixador em Turim.

Coerente com seus hábitos, tentou obter os favores da amante do rei da Sardenha e foi mais uma vez declarado *persona non grata*. O *enfant terrible* de Versalhes morreria esquecido em 1758.

A imperatriz, por sua vez, guardaria até o fim certa simpatia pela França, e gostava de contar que seu avô, Pedro, o Grande, pretendera casá-la com o futuro Luís XV.

Mas a desgraça de La Chétardie envenenou as relações entre a França e a Rússia. Sem representantes diplomáticos em São Petersburgo, Versalhes se viu obrigada a recorrer a agentes secretos, entre os quais o famoso *chevalier* d'Éon. Diz a lenda que ele se introduziu no círculo mais próximo da imperatriz e conquistou sua confiança travestido de mulher. Mas essa versão romanceada não bate com a realidade histórica. O fato, contudo, é que Éon realmente foi o representante secreto da corte de Versalhes em São Petersburgo, sob o disfarce de secretário do escocês Douglas. A partir de agosto de 1756, o cavaleiro d'Éon conseguiu estabelecer contatos diretos com a imperatriz e contribuiu para o restabelecimento das relações entre a França e a Rússia.

No reinado de Elisabeth, a Rússia se tornou bicéfala. Moscou, graças à proximidade do Mosteiro da Trindade-São Sérgio, centro da ortodoxia, tornava-se uma "cidade santa", deixando a administração imperial para São Petersburgo. Assim, a nova capital passava a ser a cidade imperial, mas também o símbolo do esplendor da Rússia.

A essa altura, com um número de habitantes comparável ao de Moscou, a cidade criada por Pedro, o Grande, também chamada "a Veneza do Norte", despertava admiração em todas as cortes da Europa. Palácios de grande luxo eram erguidos ao longo do Neva. A beleza dos monumentos e das pontes, a largura das avenidas deixavam muito para trás a antiga capital. O "barroco elizabetano" ficou ligado principalmente ao nome do arquiteto Bartolomeo Rastrelli, filho de um escultor italiano que chegara a São Petersburgo na época Pedro, o Grande. Rastrelli construiu muitos palácios, residências particulares e igrejas, além do conjunto do Mosteiro de Smolny. A pedido de Elisabeth, deu início à construção do Palácio de Inverno, do qual, no entanto, a imperatriz não pôde desfrutar, pois as obras só foram concluídas um ano após a sua morte.

Ainda no reinado de Elizabeth, por fim, foram fundados o primeiro teatro russo, em 1756, a Academia de Belas Artes, em 1757, e veio a ser concluída a construção da Academia de Ciências, iniciada sob o reinado de Catarina I.

Não podendo ter filhos, Elisabeth adotou o filho da falecida irmã e de Carlos de Holstein, ganhando assim um herdeiro. O órfão, então com 14 anos, inicialmente decepcionou a tia ao chegar a São Petersburgo, em 1742. Magro, mal proporcionado, ignorante e violento, o adolescente só falava de Frederico II da Prússia, desprezava os russos e só obrigado aprendeu sua língua. Elizabeth buscava consolo no pensamento de que, passada a idade ingrata e surtindo efeito a educação, as coisas aos poucos tomariam outro rumo. Passaram-se dois anos sem que o temperamento ou o físico do rapaz dessem sinal de melhoria. A imperatriz achou então que o casamento poderia fazer-lhe bem. E a escolha da noiva provavelmente foi determinada pela lembrança de Carlos Augusto de Holstein, morto antes de casar com Elizabeth. Desse modo, aquele amor que ficara em suspenso seria decisivo para o prodigioso destino de Sofia de Anhalt-Zerbst, sobrinha do falecido.

Quando a futura imperatriz Catarina II, Catarina, a Grande, pisou pela primeira vez solo petersburguês, o palácio estava envolto em névoa e impedia a visão do cais.

Deus sabe que essa princesa alemã, que brincava na praça central de Stettin com as crianças da cidade, não podia imaginar que um dia subiria ao trono do maior império da Europa.

A oferta de casamento era politicamente invejável, mas era um desastre em termos pessoais. Com o rosto marcado pela varíola, ainda e sempre feio, Pedro III era sorrateiro e vil. A princesa Dachkova, famosa memorialista, assim descreveu o herdeiro de Elisabeth: "Apresentar-se pela manhã como sargento para a revista, almoçar bem, beber um bom vinho da Borgonha, passar a noite com seus bobos da corte e algumas mulheres, executar as ordens do rei da Prússia — era nisso que residia a felicidade de Pedro III."

A Igreja Ortodoxa deu a Sofia uma nova identidade, Catarina Alexeievna. A futura Catarina II se viu então às voltas com um marido dado a farras com os camareiros e um quarto conjugal tomado por uma matilha de cães. Além do mais, logo se constatou que Pedro III era impotente. O problema foi remediado — para citar os relatórios diplomáticos da época — com uma "rápida operação cirúrgica de resultado incerto". A atitude do repulsivo marido levaria Catarina, afinal, a se afastar definitivamente dele. "Se eu tivesse um marido que se fizesse amar", escrevia ela, "lhe teria sido fiel a vida inteira, pois não tenho a menor tendência para a devassidão. Deus é testemunha. Minha grande infelicidade é não saber se essa inclinação é um vício ou uma virtude."

Ela esperou oito longos anos para enganar o infame, e mesmo assim não o fez por iniciativa própria. Na verdade, Elizabeth, preocupada por ver que a grã-duquesa não engravidava, acabaria empurrando um amante para sua cama. A própria Catarina relataria as propostas da imperatriz: "'Proponho que escolha entre Serguei Soltikov e Leon Narychkin. Se não me engano, já optou pelo segundo.' E eu então protestei: 'Não, não, estou dizendo que não.' E ela retrucou: 'Muito bem, se não é ele, com certeza será o outro.'"

Verdadeiro mestre da sensualidade, o conde Soltikov, descrito nos despachos como "um homem fútil, um libertino, excessivamente paparicado pelas mulheres, para cujos sentimentos pouco ligava", revelou os prazeres da carne à grã-duquesa. A maioria dos historiadores lhe atribui, inclusive, a paternidade do futuro Paulo I, primeiro filho de Catarina. Assim que o bebê nasceu, Elizabeth mandou Soltikov para o exterior. Conta-se que, tendo subido ao trono, Paulo I convocou o amante da mãe para perguntar se era o seu pai. Constrangido, Soltikov teria respondido: "Éramos muitos junto à sua mãe." E é verdade que, depois da sua partida, não demorou para que outro homem o sucedesse.

Catarina inverteria os hábitos da história, transformando seus favoritos em conselheiros políticos secretos — agora no masculino. A segunda etapa de sua educação sentimental foi mais romântica. Estanislau Augusto Poniatowski era um jovem de 23 anos, bem educado e refinado. E polonês. Tendo chegado a São Petersburgo em 1755, o jovem secretário do novo ministro plenipotenciário britânico se apaixonou perdidamente pela grã-duquesa assim que a conheceu. Era a primeira mulher da sua vida. Segundo confessaria a própria Catarina, Poniatowski lhe permitiu compartilhar desejos e fantasias num clima de cumplicidade e ternura; uma amizade verdadeira ligaria os dois para sempre (ela o faria rei da Polônia). Evocando esses dias de felicidade, ele seria o único dos companheiros da grande czarina a deixar dela um retrato em que se reflete esse amor e esse respeito:

"Ela estava com vinte e cinco anos e mal dera à luz seu primeiro filho; era aquele momento em que a beleza costuma estar no auge. Com seus cabelos negros, tinha uma brancura deslumbrante, com longuíssimos cílios negros, um nariz grego, uma boca que parecia pedir o beijo, as mãos e os braços perfeitos, a cintura esbelta, o andar extremamente ágil, mas da maior nobreza, o som de voz agradável e o riso tão alegre quanto o humor, que a fazia passar com igual facilidade dos jogos mais animados e infantis a uma tabela de cifras que encarava com destemor equivalente ao que lhe inspirava um simples texto."

O amor é cego, poderia ter dito Catarina ao ler esse elogio, ela que confessava nunca ter sido bela! É verdade que não tinha traços de extraordinária delicadeza, mas exalava um encanto e uma graça indiscutíveis.

Poniatowski chegou na hora certa. Apesar de ter dado à luz, a grã-duquesa vivia isolada na corte. A imperatriz sequer lhe permitia ver o filho, e o grão-duque, seu marido, não se cansava de deixar clara sua aversão a ela. Mas o elegante polonês conseguiu se aproximar de Pedro III, que teve a audácia de convidá-lo a ser confidente dos seus amores com a própria mulher. "Eu ia com frequência a Orianenbaum", escreveu ele. "Chegava à noite e subia por uma escada oculta aos aposentos da grã-duquesa, onde encontrava o grão-duque e Elisabeth Vorontsov. Nós jantávamos e então o grão-duque, trazendo sua amante, dizia: 'Crianças, não precisam mais de mim!' E eu ficava o tempo que quisesse."

Por de trás desses encontros com Estanislau se perfilava uma luta pelo poder. Graças ao apoio dos britânicos — para os quais seu amante trabalhava —, Catarina preparou uma autêntica tomada do poder com a ajuda do grão-chanceler Bestujev. Infelizmente, entrou em ação antes da hora. Tomando conhecimento das manobras, Elisabeth mandou prender Bestujev (que jamais trairia a futura czarina) e expulsou o belo Poniatowski para além de suas fronteiras.

Como uma desgraça sempre atrai outra, o grão-duque decidiu repudiar Catarina para legitimar seu relacionamento com Elisabeth Vorontsov. Catarina teve então uma altercação com a imperatriz. O futuro imperador, escondido atrás das pesadas tapeçarias do salão de Elisabeth, teve de reconhecer que a esposa era uma mulher de coragem. Cálculo, força de caráter, sorte? A grã-duquesa conseguiu restabelecer suas posições.

A partir dali, amor e poder andariam de mãos dadas. Catarina tentou afogar a tristeza causada pela partida do amante em 1758 num breve interlúdio com o russo Elaghin. Esse relacionamento deixaria apenas algumas cartas, as primeiras escritas em russo pela futura czarina.

Em 1760, Elisabeth morreu e Pedro III subiu ao trono. Teve início então uma batalha sem trégua entre os cônjuges. Para Catarina, ainda não era uma questão de tomada do poder: tratava-se de uma autêntica luta pela sobrevivência, pois Pedro, agora coroado czar, queria mandá-la terminar seus dias num mosteiro, imediatamente. Onde encontrar apoio eficaz? Na corte? Junto a Elaghin? Essa gente toda era muito frouxa e estava por demais mergulhada nos prazeres para um empreendimento audacioso como o seu. De origem estrangeira, Catarina se dava conta do perigo de buscar ajuda além-fronteiras, tanto mais que a Guerra dos Sete Anos alterara completamente o equilíbrio de forças entre as potências europeias, em detrimento da Rússia. Mais uma vez a única saída era o exército, insatisfeito com o comportamento do czar.

Dessa vez, Catarina apostou em conspiradores impiedosos, combinando vício, audácia e paixão pelo risco sob um mesmo teto: os irmãos Orlov. Não demorou para que eles entendessem que a única maneira de chegar ao poder era levar Catarina ao trono — e que, para isto, seria necessário matar o czar.

E assim mais uma vez o rufar de tambores da guarda acompanhou, em 1762, a chegada de uma nova czarina.

Todos os favoritos de Catarina passariam a ostentar o uniforme e as dragonas douradas da guarda imperial. E praticamente todos teriam o mesmo perfil: físico impressionante, virilidade a toda prova, audácia sem limite — invariavelmente sem fortuna.

No dia seguinte ao golpe de Estado, a jovem imperatriz, que na véspera ainda sonhava com a felicidade absoluta nos braços delicados do belo Poniatowski, escreveu ao amante: "Adeus, existem neste mundo situações estranhas." Mas aquele que ela viria a tornar rei da Polônia só queria uma coisa: voltar a vê-la. A 27 de novembro de 1762, isto é, quatro anos depois da partida de Estanislau, ela ainda escrevia: "Pois bem, como você decidiu não entender o que venho dizendo há seis meses, terei de falar com toda clareza: se vier aqui, corremos o risco de ser massacrados..."

Dez anos de intrigas e humilhações se seguiram à entronização de Catarina. O novo favorito, Grigori Orlov, era exatamente o contrário do antecessor: rude, brutal, grosseiro, infiel e ciumento. E a imperatriz não entregara, justo nas mãos desse homem, a arma para castigá-la, ao lhe confiar a iniciativa de "se livrar" do seu marido? Orlov a tinha à sua mercê.

As muitas escapadas noturnas de Grigori Orlov causavam verdadeiras crises de depressão em Catarina. Apesar do sofrimento como mulher, a imperatriz dirigia com mão de ferro o país de adoção. O príncipe Wiazemski assim resumiu a extraordinária capacidade de adaptação de Catarina: "Muitas coisas na nossa história podem ser explicadas pelo fato de que um russo, em outras palavras, Pedro, o Grande, se empenhou em nos transformar em alemães, ao passo que uma alemã, a saber, a Grande Catarina, quis fazer de nós russos."

Qual seria o segredo do sucesso dessa mulher excepcional? A confiança cega em si mesma, a coragem inabalável? Seu temperamento? De uma alegria lendária, ela contava ainda por cima com enorme vigor e uma imensa gana de viver. Sua natureza era complexa; por um lado, a autocrata fazia e desfazia alianças, elevava o moral de seus generais, repreendia reis, observando com olhar de águia o oeste do continente, acumulava obras de arte, preocupada com uma eventual dilapidação do seu legado. Por outro, a eterna apaixonada, que a História tendeu um pouco demais a apresentar como indigna; boa e egoísta, suave e peremptória, amando os filhos e contando, na maturidade, as gracinhas dos netos. Só mesmo sendo tudo isso ao mesmo tempo para suportar semelhante destino...

No momento, que poderia ela fazer? Aceitar o inaceitável? Lisonjear o amante Orlov, que na intimidade tinha violentos acessos de raiva, a maltratava, a espancava? Ela, que esperava encontrar nele sensualidade e ternura, por mais que se valesse de seus encantos para induzir o brutamontes a sentimentos mais suaves, nada conseguiu. Muito seguro do próprio poder e do poder da família, Orlov, o devasso, reinava sobre a Rússia como senhor incontestável.

Mulher de hábitos, Catarina esperou pacientemente a oportunidade de se livrar do infame obstáculo. E ela surgiu durante um período de ausência de Orlov. Astuciosa, a imperatriz não o afastou pura e simplesmente, aproveitando a chance para instalar no apartamento seu favorito, o belo Vassilchikov, que lhe fora apresentado pelos inimigos do titular anterior.

Ao homem que ela passara a odiar, não obstante guardando estima por ele, sucedia um homem que não conseguiria amar, considerando-o tolo e enfadonho. Ele mesmo confessaria grosseiramente, aliás, depois de cair em desgraça: "Eu não passava de uma *manteúda*. E assim era tratado."

Foi quando surgiu um nome que entraria para os anais da glória militar da Rússia, mas também para o coração de Catarina: Grigori Potemkin. Esse general viria a se tornar seu marido morganático e seu conselheiro mais próximo, não obstante os favoritos de que ela se cercaria mais tarde, com o consentimento tácito dele.

A arte de ser avó

Catarina II sempre deixou pairar uma dúvida quanto ao nascimento do filho Paulo. A ele, a grande imperatriz preferia o neto, Alexandre. O menino foi criado num ambiente de cultura francesa, cercado de imigrantes que haviam fugido da revolução. Seu preceptor, o filósofo La Harpe, o educou no espírito do Iluminismo e exerceu forte influência sobre ele. Feito imperador, Alexandre logo convocaria esse suíço romando afastado por seu pai, Paulo I, e que passou algum tempo à frente da Confederação Helvética. Apesar de republicano convicto, La Harpe foi escolhido por Catarina II para fazer dos seus netos soberanos esclarecidos. Vassili Kliuchevski, o melhor retratista dos monarcas russos, afirmava que, no terreno das qualidades pessoais, Alexandre I só se comparava ao czar Alexei, filho de Miguel Romanov: ele foi "uma bela flor de estufa que não teve tempo ou capacidade de se aclimatar às terras russas; cresceu e desabrochou magnificamente enquanto o tempo esteve bom, mas bastou que soprassem as tempestades do Norte para murchar e declinar."

Catarina II também teve um papel decisivo na escolha das futuras czarinas, introduzindo mulheres compatriotas na corte. E assim, com uma exceção (a mulher de Alexandre III, que seria dinamarquesa), elas seriam todas de origem alemã.

As princesas eram selecionadas muito jovens, entre quatorze e dezesseis anos, ainda tímidas e maleáveis. As cerimônias obedeciam a uma etiqueta rigorosíssima, começando com a entrada solene da futura grã-duquesa, até seu casamento. As carruagens da corte aguardavam a mocinha na estação. No caminho para o Palácio de Inverno, onde os grandes dignitários lhe seriam apresentados, ela podia admirar a barreira viva da guarda imperial perfilada à sua passagem. A cavalo, o imperador escoltava a carruagem dourada tendo no alto a coroa imperial, puxada por oito cavalos cinzentos. Os grão-duques seguiam a cavalo e as grã-duquesas, em outras luxuosas carruagens. A etapa seguinte era uma espécie de visita guiada aos palácios imperiais de São Petersburgo e arredores, o que era uma oportunidade para a jovem estrangeira aprender a história do país. Outra etapa importante dessa formação consistia em lhe inculcar a cultura do país de adoção, para permitir uma integração completa. (O que Catarina II conseguira à perfeição.) As futuras grã-duquesas deviam aprender o russo e se converter à ortodoxia. Não demorava para que perdessem todo contato com seu país de origem. Assim despojadas da sua germanidade, elas podiam se tornar autênticas eslavas.

O cerimonial do casamento permaneceu inalterado até o reinado de Nicolau II.

Encerradas as festividades, a jovem esposa se via fechada no mundo rígido da monarquia russa. Tinha de abrir mão dos gostos pessoais e apagar sua personalidade. Tornando-se por sua vez mais uma guardiã das tradições seculares, devia se transformar num ídolo da nação.

Por enquanto, Catarina, a Grande, estava preocupada com a manifestação em seu neto Alexandre, já aos quatorze anos, "tanto no que dizia quanto em seus passeios noturnos, de fortes desejos físicos que aumentavam ao sabor de suas frequentes conversas com lindas mulheres". A imperatriz pediu então a uma dama da corte que iniciasse o neto nos "mistérios dos arrebatamentos ocasionados pela volúpia". Querendo casá-lo, a prudente Catarina logo mandaria trazer à corte duas irmãs, as princesas Luísa e Frederica de Baden. Conforme Maria Feodorovna, a mulher de Paulo I, confidenciaria a Catarina, o coração de Alexandre batera mais forte por Luísa: "Alexandre nos escreveu que a deliciosa Luísa lhe agrada mais a cada dia que passa; que há nela uma beleza especial e uma humildade que o encantam..."

Luísa, por sua vez, escrevia à mãe: "O grão-duque Alexandre é muito alto e de muito boa compleição, tem sobretudo a perna e o pé muito bem formados, embora o pé seja um pouco grande, mas é proporcional à sua altura. Tem os cabelos castanhos claros, os olhos azuis não muito grandes, mas tampouco pequenos, dentes lindos, uma pele encantadora, o nariz reto, muito bonito. Pela boca, ele se assemelha muito à imperatriz."

O futuro vencedor de Napoleão gostava de se vestir de branco da cabeça aos pés. Tinha por hábito umedecer as calças de couro para realçar o efeito escultural de sua anatomia. Aliás, pelo que diziam as damas da corte, "todas as partes do seu corpo poderiam servir de modelo a um escultor".

Os amores da esfinge russa

A 23 de setembro de 1793, Luísa de Baden, batizada de Elisabeth pela Igreja Ortodoxa, se casava com Alexandre. Em obediência ao ritual estabelecido pela avó, o grão-duque usava um cafetã de brocado de prata abotoado com diamantes e o Cordão de Santo André atravessado no peito. Depois do serviço religioso, Elisabeth vestiu o pesado e rígido vestido tecido com fios de prata e recoberto de brilhantes e pérolas. À sua cintura fora presa uma cauda bordada com lírios e rosas de prata, e na cabeça ela trazia um véu de renda e uma pequena coroa de flores de laranjeira. Uma capa de veludo bordada com arminho foi então depositada nos seus ombros. Donde se depreende que, sob tal peso, o menor movimento terá sido um calvário para a mocinha.

A grã-duquesa recebeu no casamento o diadema de Catarina, encimado por um magnífico diamante cor de rosa, uma pequena coroa de diamantes, brincos, anéis e pulseiras.

Na noite de bodas, a entrada da grã-duquesa na família imperial foi celebrada com um banquete seguido de baile. Dançou-se a polonesa, na moda desde que fora introduzida por Catarina II. Alexandre deu três voltas pelo salão de baile, mudando de parceira a cada vez. Ao se separar de seus cavalheiros, as damas faziam uma reverência, enquanto eles se inclinavam. Por fim, Alexandre encontrou Elisabeth. Com dezesseis e quinze anos, os jovens noivos formavam um casal perfeito.

A grande imperatriz escreveu ao príncipe de Ligne: "É a união de Eros e Psique."

Testemunha privilegiada do romance, a condessa de Choiseul-Gouffier assim descrevia a grã-duquesa: "Um perfil de camafeu grego, grandes olhos azuis, o rosto de um ovalado extremamente puro, cabelos de um louro adorável."

Os diplomatas não poupavam elogios: "Linda, com um rosto doce, interessante, maior e mais formada que se costuma ser na sua idade." "Sua pessoa respira elegância e a majestade de seu caminhar é etérea."

Um castelo foi construído para o jovem casal em Tsarskoie Selo. No Palácio de Inverno, magníficos aposentos foram preparados para os dois. O rosa, o branco e o ouro dominavam nas tapeçarias e nos lambris do quarto. O salão, azul e dourado, tinha amplas janelas dando para o Neva.

Os recém-casados se lançaram na vida mundana. O grão-duque, adulado pelas mulheres, apreciava particularmente esse turbilhão. Sua mulher, naturalmente mais delicada e de constituição frágil, precisava mais ser protegida que exposta; sonhava com uma vida de família e mais calma.

"Estamos constantemente ocupados em não fazer nada", escreveu à mãe. "Passamos esta semana em bailes; desde segunda-feira, não se passou um dia em que não tenhamos dançado. Terça-feira, houve um baile em nossa residência, e dançamos até *walsers*. Ontem, baile de máscaras na casa de uma das primeiras acompanhantes da imperatriz; esta noite, espetáculo de sociedade no Hermitage. Durante os meses de outubro e novembro, o comportamento de Alexandre Pavlovich não correspondeu à minha expectativa. Ele se apega a ninharias infantis e sobretudo militares, e, seguindo o exemplo do irmão, se entrega em seu gabinete a jogos impróprios com os criados. Esses jogos, que são próprios da sua idade mas não convêm à sua situação, têm como testemunha a sua mulher."

O comportamento do grão-duque também era infantil em relação à esposa. É verdade que ele se mostrava muito dedicado a ela, mas certa rispidez traía uma falha na educação amorosa. Aos poucos, o casal tantas vezes citado como exemplar começou a vacilar.

Os circunstantes não se eximiram de proporcionar a cada um dos cônjuges muitas oportunidades de infidelidade. Platão Zubov, o último favorito da imperatriz, lançou uma terrível armadilha à grã-duquesa. Convencido de que suas funções lhe asseguravam impunidade, ele se orgulhava de lhe fazer insistentemente a corte na frente de todos. O galanteador era bem incômodo e deixava Elisabeth em situação delicada.

Ela fez o que pôde para rechaçar amavelmente o favorito. Apesar de preocupado, Alexandre também se mantinha cortês com o potencial rival : "O conde Zubov está apaixonado pela minha mulher desde o primeiro verão do meu casamento, ou seja, há um ano e alguns meses. Imagine a situação embaraçosa em que isto deve deixar minha mulher, que, realmente, se comporta como um anjo. Mas confesse que o comportamento que devemos ter com Zubov é furiosamente embaraçoso... Se o tratamos bem, é como se aprovássemos o seu amor, e se o tratamos com frieza para corrigi-lo, a imperatriz, que ignora o fato, pode não achar bom que deixemos de distinguir um homem com o qual se mostra atenciosa. O meio termo a observar é extremamente difícil, sobretudo diante de um público tão maldoso e disposto a fazer maldades quanto o nosso."*

Catarina não ignorava as maquinações do amante e até se divertia, mas o chamava à ordem quando ele passava dos limites. Ele então se acalmava, com medo de ser afastado.

A maior preocupação da imperatriz era afastar seu filho do trono em proveito do neto Alexandre, pois se a coroa coubesse a Paulo, seria o fim do sonho do absolutismo esclarecido na Rússia. Mas o grão-duque não parecia muito disposto a reinar. Não se eximia de criticar a política da avó, embora nunca o fizesse em sua presença. Dizia detestar o despotismo e afirmava que, apesar dos excessos, a Revolução Francesa realizara obra salutar. Além disso, Alexandre se reaproximara do pai.

Paulo e a mulher, Maria Feodorovna, viviam não longe de São Petersburgo, no Palácio de Gatchina. O futuro imperador, que escolhera Frederico II da Prússia como modelo, havia transformado a propriedade num verdadeiro feudo germânico, onde os canhões ribombavam ao menor pretexto. Os soldados usavam o uniforme alemão, botas altas, luvas até os cotovelos, tricórnios enormes. Paradoxalmente, Alexandre se sentia atraído por esse clima e ia três ou quatro vezes por semana a Gatchina. Assim que chegava, se despia das roupas à francesa e vestia um uniforme prussiano.

---

* Carta escrita em francês a seu amigo, o conde Viktor Kochubey, embaixador da Rússia em Constantinopla.

De Tsarskoie Selo, Catarina ouvia ao longe o estrondo dos exercícios de artilharia que tanto agradava aos netos. A reaproximação entre Alexandre e Paulo a irritava. Decidida a agir, ela redigiu um texto solene destituindo Paulo em proveito de seu filho Alexandre. O documento seria dado a público a 24 de novembro de 1796, dia de santa Catarina na Rússia. Mas o destino decidiu de outro modo.

Vinte dias antes da data fatídica, a família assistia aos últimos momentos da imperatriz. Embora Alexandre não pretendesse fazer prevalecer seus direitos à coroa, seu pai, por precaução, queimou o testamento. Nada mais impedia, portanto, que ele fosse proclamado imperador.

A 6 de novembro de 1796, a Rússia pranteava Catarina, a Grande, e aclamava seu novo soberano, Paulo I.

"Oh! Fiquei escandalizada com a pouca tristeza demonstrada pelo imperador [Paulo I]", escreveu Elisabeth. "Parecia que seu pai acabara de morrer, e não sua mãe, pois só falava dele, espalhando seu retrato pelos cômodos, sem dizer palavra sobre a mãe, senão para acusá-la e criticar em alto e bom som tudo que se fizera em sua época."

Assim que o marido subiu ao trono, a imperatriz Maria Feodorovna saiu da sombra a que se recolhera durante o reinado de Catarina. A grã-duquesa Elisabeth seria o primeiro alvo do seu sarcasmo.

Em 1797, na coroação de Paulo I, a mulher de Alexandre tinha 18 anos. Sua beleza desabrochara. A cintura era fina e flexível como a de uma sílfide; os cabelos louros pálidos flutuavam no pescoço e na testa. Nesse dia, ela misturara rosas frescas ao buquê de diamantes que trazia. Depois de lhe lançar um olhar severo, Maria Feodorovna arrancou rispidamente as flores das suas mãos, jogou-as no chão e rosnou: "Não combina com trajes formais!"

A grã-duquesa não demorou a ser tomada de indignação com a maneira de governar do sogro. "Oh, mamãe", escrevia então, "me faz mal, um mal terrível ver injustiças e brutalidades diariamente, ver que as pessoas estão infelizes (quantas já não serão, na consciência dele) e fingir respeitar, estimar um homem assim... De modo que me mostro a nora mais respeitosa, mas na verdade, nada afetuosa. De resto, ele pouco liga se é amado ou não, desde que seja temido, como disse ele mesmo. E seu desejo é amplamente atendido, ele é temido e odiado..."

Sozinha num meio hostil, Elisabeth sofria com o pouco interesse do marido. Quando voltava para casa, exausto das tarefas subalternas impostas pelo pai, Alexandre não dava à mulher a atenção esperada. Então, ela foi encontrar junto ao melhor amigo dele, o sedutor príncipe polonês Adam Czartoryski, o amor com que sonhara em vão no início do casamento. Alexandre não se deu por achado e até favoreceu a aproximação. Já havia demonstrado, na época das empreitadas sentimentais de Platão Zubov, que não era ciumento. Teria se divertido com um certo prazer perverso de compartilhar Elizabeth com seu confidente? O fato é que protegeu zelosamente a ligação, que era comentada na corte à boca pequena. Pois não se baseava sua educação, como gostava de dizer, "nos princípios do que é natural, razoável, da liberdade do indivíduo, de um modo de vida sadio e normal"?

A 18 de maio de 1799, Elisabeth deu à luz uma menina de cabelos e olhos negros. Quando a pequena Maria foi apresentada ao imperador, ele perguntou secamente: "Vocês acham que um marido louro e uma mulher loura podem ter uma filha morena?"

Dessa vez, a carreira de Adam Czartoryski na Rússia ficaria comprometida. Paulo ordenou a seu primeiro-ministro Rostopchin — que o anotou em seu diário — que "o despachasse o mais rápido possível em missão diplomática para a Sardenha".

Pouco depois da partida do amante, Elisabeth perdeu a filha. "Desde esta manhã não tenho mais filha, ela morreu!", escreveu à mãe em francês, a 27 de julho de 1800. "Mamãe, é terrível, não há palavras para expressar o que é a perda de um filho, não consigo lhe escrever nenhum detalhe hoje sobre esta desgraça."

Alexandre também se sentia desamparado. Desde a partida do insubstituível Adam Czartoryski, todo o grupinho dos seus conselheiros mais próximos se desfizera. Mergulhado na tristeza e na solidão, ele se reaproximou da mulher.

"Não gosto de ficar devendo nada ao imperador...", escreveu ela à mãe. "Instrumento de vingança de certas pessoas contra o grão--duque e seus amigos, eles fazem de tudo para me dar uma terrível reputação. O que ganham com isto, não sei, e por sinal me é tão indiferente quanto deve ser mesmo quando não temos nada a nos censurar. Se quiserem me indispor com o grão-duque, não conseguirão. Ele, que não ignora nenhum pensamento meu nem nada dos meus atos, jamais poderá se indispor comigo." Ou ainda: "Algum tempo atrás, ele me agradava muito, mas agora que começo a conhecê-lo, a gente nota umas coisinhas, realmente umas coisinhas de nada... e nessas coisinhas de nada tem algumas que não me agradam e que acabaram com a maneira *excessiva* como o amava. Ainda o amo muito, mas de outra maneira."

Toda e qualquer atração física desaparecera há muito entre os jovens cônjuges. Aos poucos a amizade e a confiança recíproca — para não falar da cumplicidade intelectual — tinham tomado o lugar da paixão. Eles gostavam de estar a sós, longe dos ouvidos indiscretos, e falavam do seu futuro.

A política externa de Paulo parecia mais incoerente ainda que sua política interna, que privava os russos de qualquer liberdade. Depois de pôr fim à campanha que Catarina II empreendera contra a Pérsia, o czar ficou indignado com a ocupação da ilha de Malta por Bonaparte. Fez-se então eleger grão-mestre da Ordem de Malta e declarou guerra à França. Mais adiante, Bonaparte se tornaria para ele um segundo Frederico II, um exemplo a seguir, um amigo a cultivar. Paulo então se aproximou da França e se indispôs com a Inglaterra, que, descumprindo sua promessa, não devolvera a ilha de Malta aos cavaleiros. E assim o imperador enviou suas tropas à conquista das Índias.

Preocupado com a incoerência de Paulo, seu círculo mais próximo começou a contemplar seriamente a hipótese de derrubá-lo. Uma conspiração na família imperial e na guarda selaria a sua sorte.

Na noite de 22 para 23 de março de 1801, um grupo de oficiais, liderado pelo conde Pahlen, invadiu os aposentos de Paulo I no Palácio Mikhailovski. Valerian Zubov, irmão de Platão, golpeou o imperador com uma pesada caixa de rapé e outro oficial se encarregou de estrangulá-lo com seu cachecol.

Quando Pahlen chegou aos aposentos de Alexandre, o encontrou em uniforme de gala, chorando nos braços da mulher.

— Chega de bancar a criança, venha reinar! — teria dito.

Alguns dos conjurados afirmaram que Alexandre, escondido por trás de uma tapeçaria, teria assistido ao assassinato do pai. O grão--duque Nicolau, historiador arguto da família Romanov, escreveu: "O herdeiro do trono estava perfeitamente a par dos detalhes da conspiração, e nada fez para que fracassasse." Mas a maioria dos historiadores russos acredita que ele esperava uma abdicação forçada, e não um assassinato, e que os conjurados, uma vez cometido o crime, o puseram diante do fato consumado.

A partir de então, o casal imperial não se livraria mais do medo: Elisabeth não esquecera que o avô e o pai de Alexandre tinham sido assassinados pelo círculo mais próximo, insatisfeito com sua política. Assim, o manifesto anunciando o advento do jovem imperador afirmava que ele governaria "de acordo com as leis e o coração de Catarina, a Grande".

Alexandre I começou tomando medidas populares. Convocou de volta os cossacos que o pai incumbira de conquistar as Índias, libertou presos, chamou exilados e substituiu os uniformes à prussiana por trajes nacionais. Os primeiros a voltar foram seu antigo preceptor La Harpe e seu amigo Czartorisky. Ele autorizou os russos a viajar de novo para o exterior e os estrangeiros a visitar livremente a Rússia.

Mas os momentos de exaltação podem ocultar reviravoltas inesperadas do destino. Enquanto Elizabeth exclamava "Eu respiro com a Rússia inteira!", seu marido cedia aos encantos de Maria Narychkin. Esta jovem de origem polonesa, "de beleza sobrenatural" e sentidos superexcitados, parente distante de Marie Walewska, tinha um sobrenome russo importante. Os Narychkin eram donos de considerável fortuna; há séculos o seu nome constava dos anais da corte russa. Afinal, a mãe de Pedro, o Grande, não era uma Narychkin?

Maria jamais solicitou qualquer favor material do amante imperial.

Alexandre, que gostava de dizer aos amigos: "Vocês não entendem o encanto de uma conversa com as mulheres, querem sempre levar as coisas longe demais", teria levado as "coisas" longe demais dessa vez? Maria Narychkin despertou nele impulsos que a ele próprio surpreendiam. Em seus braços, o imperador esquecia o fausto da corte e suas obrigações.

Quando a favorita deu à luz a pequena Sofia, seu amante exultou. Elisabeth, decepcionada por ainda não ter um filho, escreveu amargamente à mãe (sempre em francês): "Ela teve o descaramento de me comunicar sua primeira gravidez..."

Alexandre não abandonou completamente a mulher, levando paralelamente duas vidas que se completavam. Fazia as refeições com Elizabeth e a cercava de atenções em público. Chegava mesmo a visitá-la em seu quarto. Embora estivesse feliz por ganhar filhos da amante, continuava desejando um herdeiro legítimo.

Da ilha Kamenny, o imperador precisava apenas atravessar uma ponte de madeira para chegar à ilha Krestovski, onde ficava a residência dos Narychkin. As recepções que a família promovia no vasto casarão de cúpula verde e pórtico romano ornamentado de colunas brancas eram memoráveis. Nos jantares, nunca havia menos de três cardápios: à russa, à francesa e à italiana. Sua majestade abria os bailes dançando uma polonesa com Maria, e então se retirava com ela para um gabinete particular instalado sob o teto conjugal da jovem especificamente para esses encontros.

Nas recepções da corte, Maria se apresentava invariavelmente trajando um vestido branco de pregas suaves, sem qualquer ornamento, como Madame Récamier. O poeta Derjavin, que em outra época celebrara a beleza de Elizabeth, agora glorificava as formas voluptuosas do seio da favorita. Maria Narychkin eclipsava todas as mulheres da corte. Sua beleza era tão perfeita, dizia-se, que "parecia impossível". O general Kutuzov, futuro vencedor de Napoleão, sentenciou: "As mulheres merecem ser amadas, já que entre elas se encontra uma criatura tão encantadora quanto a sra. Narychkin." Já Joseph de Maistre, que fora buscar refúgio nas neves da Rússia, a definia assim: "Ela não é uma Pompadour, nem tampouco uma Montespan; é antes uma La Vallière, à parte o fato de que não é manca nem jamais se fará carmelita."

Além do amor carnal pela amante, do respeito pela mãe e da afetuosa amizade com a mulher, Alexandre nutria pela irmã Catarina uma paixão um tanto ambígua. O historiador russo Karamzin assim descrevia a jovem: "Olhos de fogo e uma cintura de semideusa." Era opinião geral que Catarina exercia grande sedução, tinha uma mente incisiva e às vezes uma altivez insuportável. "Por que sinto tanto prazer em achatar e beijar esse querido nariz?...", escrevia o czar à irmã. "Se você é louca, pelo menos é a mais deliciosa louca que jamais houve. E eu sou louco por você..." "Saber que sou amado por você é indispensável à minha felicidade, pois você é uma das mais belas criaturas do mundo..." "Depois de correr como um possuído, espero me soltar deliciosamente nos seus braços..."

Alexandre tinha necessidade de incendiar corações. As famosas artistas francesas srta. Georges, srta. Phillis e sra. Chevalier entregaram-se ao belo imperador da Rússia. Ele também se enamorou das estrelas da aristocracia local, as sras. Bacharcah, Kremmer, Severin, Schwartz.

Ao nascer o primeiro filho de Maria Narychkin, Alexandre escreveu à irmã: "Estou escrevendo de casa, e minha companheira e meu filho estão aos seus pés e agradecem pela sua lembrança... A felicidade que sinto no meu pequeno lar e o afeto que você tem por mim são os únicos encantos da minha vida."

Mais que as brincadeiras de alcova, contudo, o imperador apreciava a política. E cada uma de suas conselheiras íntimas o influenciou nesse terreno. Aos poucos, estimulado pela mulher e pela amante, ele desalojou do poder os velhos servidores, substituindo-os por jovens amigos, passando em seguida a remanejar os ministérios, enfrentando a feroz oposição da mãe, a imperatriz herdeira. Assim, incorporou novamente ao seu serviço o príncipe Czartorisky, seu amigo íntimo e ex-amante de sua mulher, nomeando-o ministro de Relações Exteriores.

Enquanto Alexandre atravessava a ponte de madeira para encontrar Maria no palácio vizinho de sua residência de verão, Elisabeth se apaixonara por um oficial da guarda de físico avantajado, Alexei Okhotnikov. O romance não durou muito, pois o belo oficial morreu misteriosamente, apunhalado à saída de um teatro. Elisabeth construiu para ele um mausoléu representando uma mulher em prantos ao pé de um carvalho fulminado por um raio. Estava sozinha de novo.

A imperatriz herdeira se preocupava muito com a influência "dos poloneses e das polonesas" sobre seu filho...

Prudente e honesto, Czartorisky tinha um grave defeito para os russos: o excessivo amor por seu país. Esperava que o czar devolvesse à Polônia suas fronteiras históricas. Mas Alexandre sabia muito bem que estava fora de questão para a Rússia, a Áustria e a Prússia renunciar a suas províncias polonesas. Filho de uma princesa de Wurtemberg e casado com uma princesa de Baden, ele não podia deixar de lado esses pequenos países ameaçados pela França. Enquanto Czartoryski fazia o possível para impedir uma aproximação entre a Rússia e as potências alemãs, Alexandre, com o apoio de Elizabeth, queria, pelo contrário, se entender com elas. Maria Feodorovna, sensível a tudo que fosse alemão, exercia sobre o filho uma pressão moral contrária a Czartoryski. Chegou a escrever para exigir que fosse demitido de suas funções, alertando o filho contra a Prússia.

O problema central da política exterior na época era Napoleão. Maria Narychkin o detestava, tanto por convicção quanto por uma estranha hostilidade à prima Marie Walewska, a ardente amante polonesa do imperador francês.

Elisabeth também era furiosamente antinapoleoniana. "Ah! essa grande nação", escrevia, "mostra muito bem o que é, o que os que a entendem já sabem há muito tempo, apesar da insistência em considerá-la bárbara. Quanto mais avançar, menos Napoleão poderá considerar possível a paz. É o sentimento unânime de toda a nação e de todas as classes: a este respeito reina a mais perfeita harmonia. E é com isto que Napoleão não contava; se enganou nisto, como em tantas outras coisas." Desse modo ela expressava o sentimento patriótico das czarinas de origem alemã que se haviam tornado autênticas russas de coração. Ela nutria, ainda, grande desapreço pelo "tirano corso" porque ele mandara sequestrar o duque de Enghien no território de Baden, possessão da sua família.

Depois das derrotas de Austerlitz e Friedland, Alexandre se sentia indeciso e obstinado, enérgico e vacilante. O temperamento nervoso o fazia oscilar do entusiasmo ao desânimo, da coragem ao medo, dos prazeres sofisticados às reflexões profundas. Agora o imperador duvidava de sua real capacidade de reinar. Não havia outra saída senão a negociação.

Em junho de 1807, tendo aprovado as cláusulas do armistício, o soberano russo se encontrou com Napoleão numa jangada fixada bem no meio do rio Niemen, não longe de Tilsit. Uma vez assinado o tratado de paz e aliança pela França, a Rússia e a Prússia, Napoleão pediu ao "grande amigo" a mão de sua irmã Catarina. Alexandre fingiu não ouvir... No ano seguinte, os dois novos aliados viriam a se encontrar em Erfurt. Dessa vez Alexandre recebeu uma proposta oficial de casamento. Fingiu ser favorável à união, mas se entrincheirou por trás da indispensável concordância de sua mãe e da principal interessada. E de fato a czarina herdeira se pronunciou contra a perigosa aliança. Catarina, pelo contrário, fiel a seu temperamento forte, declarou que se sentia perfeitamente capaz de "domar" o terrível pretendente. Mas acabou renunciando, apesar de tudo, à coroa da França, a conselho do amante, o general príncipe Bagration. Tendo enfrentado várias vezes o "invencível" nos campos de batalha, o quarentão de origem georgiana conseguiu convencê-la de que Napoleão era "um brutamontes que ninguém conseguiria domar". Catarina decidiu então casar com o príncipe de um minúsculo país, Jorge de Oldemburgo.

Caulaincourt, o emissário de Napoleão, voltou à ofensiva, pedindo a mão de outra irmã do czar, Ana, de apenas 15 anos. Mais uma vez Alexandre invocou a oposição da mãe. Agora, a ideia de uma aliança matrimonial entre a França e a Rússia estava definitivamente enterrada. E quinze dias depois os boatos já apontavam Maria Luísa, a filha do imperador da Áustria, como futura imperatriz dos franceses. Se Alexandre e Napoleão não se tornavam parentes oficialmente, pelo menos o eram agora "indiretamente", por meio de Maria Narychkin e Marie Walewska... Uma questão mais séria que esses casamentos fracassados opunha os dois — o problema polonês —, pois ambos os países queriam exercer influência predominante sobre a Polônia.

Napoleão considerava Alexandre "inteligente, agradável, cultivado", mas acrescentava: "Não se pode confiar nele; não é sincero: um autêntico bizantino..., fino, simulador e ardiloso". O embaixador da Suécia, Lagerbilke, dizia: "Na política, mas também no amor, Alexandre é fino como uma ponta de alfinete, cortante como uma navalha, enganador como a espuma do mar."

A 24 de junho de 1812, Napoleão e seus exércitos atravessavam o Niemen e pisavam solo russo. Em *Guerra e paz*, Tolstói descreve Napoleão esperando que os boiardos lhe trouxessem as chaves da capital, como acontecia nas outras cidades que tomava. Mas os boiardos não apareceram e Moscou ficou deserta. No dia seguinte, o imperador dos franceses instalou seu quartel-general no Kremlin. "Enfim estou em Moscou, enfim no Kremlin!", exclamou. Sua felicidade não duraria muito. Mal chegara à cidadela, um clarão vermelho incendiou o céu noturno. Napoleão ficou longo tempo contemplando as chamas. Quase toda a cidade era consumia pelo fogo. Sem conter a admiração pelo povo russo, ele exclamou: "Que espetáculo terrível! Que revolução extraordinária! Que homens... Estes são os citas!"

Na época, Elisabeth e Maria Narychkin perderam ambas seu segundo filho. Inconsoláveis, participavam menos da vida pública, muito embora, como mãe e irmã do czar, tratassem de protegê-lo. Na ausência do filho, a imperatriz herdeira tomou de novo a frente e conseguiu que Czartoryski fosse destituído. Mas nessa guerra o papel preponderante foi desempenhado por Catarina, irmã do imperador. Em setembro de 1812, Alexandre não sabia que partido tomar. Em meio às opiniões contraditórias dos oficiais do estado-maior, a determinação da irmã acabaria definindo sua decisão: "Moscou foi tomada... Existem coisas inexplicáveis", escreveu-lhe ela, antes de ir ao seu encontro. "Não esqueça o que decidiu. Nada de paz, e terá então a esperança de recobrar sua honra. Meu querido amigo, nada de paz, mesmo se estiver em Kazan, nada de paz." Dois anos depois, a 31 de março de 1814, Alexandre entrava em Paris.

Apesar da guerra contra Napoleão, o czar, com seu espírito sempre francófilo, se sentiu em missão de paz ante o povo francês. Por sinal, seria aclamado ao chegar em Paris. Mas no momento em que a glória chegava ao auge, as contradições de seu temperamento se acirrariam mais claramente. Na época, nenhuma satisfação deste mundo parecia capaz de aplacar sua alma atormentada. Foi quando outra mulher entrou em sua vida. O imperador conhecera Julie de Krüdener, baronesa de origem báltica, quando de sua parada em Heilbronn. Bela loura de pele finíssima, alta e escultural, essa mulher, que se tornaria sua conselheira espiritual, era uma mística.

Julgando-se chamada a fundar uma nova religião, Julie de Krüdener se convenceu de que Alexandre fora escolhido pela Providência para ser seu apóstolo. A baronesa entrava em boa hora na vida do czar.

Em 1815, na segunda estada do imperador em Paris, a baronesa foi a seu encontro, a convite dele. Quase todas as noites, depois de seus encontros galantes no Palácio do Eliseu, Alexandre visitava Julie. Ela se hospedava no Hotel de Charost, a atual embaixada da Inglaterra, na rua do Faubourg Saint Honoré. Como na época os dois palácios eram vizinhos, ele precisava apenas atravessar os respectivos parques.

Depois de se abrir com a nova amiga, o imperador perguntou o que devia fazer para satisfazer a própria necessidade de espiritualidade. A baronesa respondeu nos seguintes termos: "Deveis tomar a frente de uma nova Igreja que reúna sob sua égide todas as criaturas de Deus e todas as Igrejas. Alexandre, o Bem-Amado de Deus, a esperança dos povos, deve contribuir para essa imensa obra. Desejo vossa clemência cristã para a França."

Foi portanto sob a influência da senhora de Krüdener que o czar redigiu, nesse verão de 1815, o chamado tratado da Santa Aliança, que, revisto por Metternich, seria assinado a 26 de setembro por Frederico Guilherme III da Prússia, Alexandre I e Francisco II da Áustria. Luís XVIII aderiu meses depois ao tratado, cujo artigo I estipulava: "De acordo com as palavras das Santas Escrituras, que ordenam que todos os homens se vejam como irmãos, os três monarcas haverão de se manter unidos por laços de uma fraternidade verdadeira e indissolúvel... Darão mutuamente assistência uns aos outros em todas as ocasiões e em todos os lugares... Considerando-se como pais de família em relação aos súditos e ao exército, governarão no mesmo espírito de fraternidade para proteger a religião, a paz e a justiça."

Em São Petersburgo, nesse mesmo momento, a viúva de um coronel morto no campo de batalha, Catarina Tatarinova, e algumas comparsas ganhavam forte ascendência nos círculos da corte. O historiador estadunidense James Billington comparou a influência desse grupo de "mulheres encantadoras" sobre os "reacionários" do círculo do czar àquela exercida pelas mulheres sobre os boiardos conservadores na época do czar Alexei.

Maria Feodorovna, preocupada com o crescente misticismo do filho, insistiu para que tomasse distância da baronesa. E a 27 de setembro de 1815 Alexandre se despedia de sua conselheira espiritual.

Sempre convencida de sua missão religiosa, Julie de Krüdener queria voltar a ver o czar, mas só realizaria tal desejo seis anos depois.

De volta à cidade natal, ela se instalou num casarão da periferia de São Petersburgo, longe da imponência da Avenida Nevski, onde se sucediam lado a lado as lojas mais luxuosas da cidade, "do lado onde bate sol". À noite, a iluminação fazia reluzirem as fachadas dos joalheiros, assim como os frascos cheios de líquidos multicoloridos das vitrines dos boticários.

Contrariando sua expectativa, a baronesa não conseguiu reproduzir o clima de sua vida parisiense. O belo Alexandre estava agora sob a influência de um confidente brutal, o general Araktcheiev, que nunca permitia que Julie se aproximasse. Suprema humilhação, ela foi exilada pelo czar em 1822, por sua militância, considerada exagerada, em favor da revolta na Grécia. Um ano depois, a princesa Golitsyn, uma de suas amigas íntimas, pôs à sua disposição a metade de sua fortuna (servindo a outra metade a uma divertida finalidade: a extravagante princesa a ofereceu ao marido como garantia de que ele jamais se deitasse na sua cama!). Julie usou o dinheiro para fundar na Crimeia uma estranha comunidade meio ortodoxa, meio esotérica. A princesa Golitsyn, vestida de homem, e a baronesa de Krüdener, usando uma peruca loura, formavam na comunidade um curioso casal, até que se juntaria a elas uma terceira mulher. Essa francesa, conhecida em São Petersburgo pelo nome de condessa Hachette, outra não era senão Jeanne de La Motte, a heroína do Caso do colar da rainha.

O czar tinha mudado ao longo desses anos. Agora se sentia culpado em relação à mulher. Aos poucos, afastou-se da amante e sua relação conjugal se fortaleceu. No inverno de 1822, ele convenceu Elisabeth a morar num apartamento próprio, a pretexto de que estaria numa parte mais aquecida do palácio. Os dois voltaram a passear juntos, restabeleceram o diálogo interrompido. Como na juventude, Elisabeth dava um jeito de entrar furtivamente no quarto do marido.

"Pode parecer que quero me vangloriar do que as leis divinas e humanas determinam", escreveu ela à mãe, "mas as rivalidades [da família imperial] me reduzem até que eu me considere às vezes como a amante de Alexandre, ou como se tivéssemos casado secretamente."

Em 1824, o czar e Maria Narychkin perderam subitamente a filha, então com 18 anos, na véspera do seu casamento com um conde Chuvalov. Nesse momento trágico, Elisabeth consolou não só o marido, mas sua antiga rival.

Em 1825, o imperador acompanhou a mulher ao sul da Rússia, onde ela se submeteria a um tratamento de saúde. Uma oportunidade para Alexandre amadurecer calmamente, longe da capital, o projeto que alimentava em segredo: sua abdicação. A 20 de outubro, ele comprou na Crimeia a propriedade aonde pretendia se retirar em breve. Mas no dia 27 se resfriou. Voltando a Taganrog, cidadezinha à beira do mar de Azov, onde Elisabeth o esperava, ele caiu de cama, para nunca mais se levantar. A 18 de novembro, o czar entrou em estado de semicoma e morreu no dia seguinte. Sua morte deu origem a um grande mito da história russa. Muitos passaram a acreditar que Alexandre se tornara um *staretz* e que ainda viveria muitos anos como eremita na Sibéria, com o nome de Fiódor Kuzmich.

A morte de Alexandre I precipitou os acontecimentos. Como o imperador não tinha herdeiro direto, deveria ser sucedido por um dos seus irmãos. Pela ordem dinástica, teria de ser o grão-duque

Constantino, vice-rei constitucional da Polônia. Durante duas semanas pairou a dúvida. Na verdade, Constantino há muito tinha renunciado secretamente ao trono, pois se sentia muito bem em Varsóvia na companhia de uma bela polonesa que não desejava carregar o peso da coroa. Enquanto ele demorava a dar sua resposta, era preparado um golpe de Estado. Mas a 14 de dezembro de 1825 a conspiração terminou em sangue. Foi a tiros de canhão que os conjurados, mal preparados, se viram dispersados pelas forças legalistas comandadas pelo novo czar, Nicolau I. O complô dos "dezembristas" queria ditar à Rússia um novo passo de marcha, inspirado na cadência ocidental.

A nova czarina, Alexandra Feodorovna, nascera princesa Charlotte da Prússia, filha da célebre rainha Luísa. O romance entre os dois começara quando Nicolau tinha 18 anos e Charlotte, 17. Os namorados passearam de mãos dadas pelo campo e depois foram ouvir concertos na Ópera de Berlim, onde eram tocadas obras de Mozart e Beethoven. A 13 de julho de 1817, a romântica e exaltada Charlotte, já agora se chamando Alexandra, casava com o futuro czar Nicolau I. Ela estava muito longe de imaginar que um dia as responsabilidades imperiais esmagariam seus frágeis ombros...

A imperatriz herdeira gostava muito da nora, que comparava a "uma manhã primaveril". Elisabeth, em compensação, não parecia nada sensível a seus encantos.

Desconfiado e impiedoso, Nicolau I também foi um marido exigente, para não dizer despótico. Sua frágil esposa não demorou a perder o frescor e a saúde. O ritmo de vida imposto pelo imperador e sete partos consecutivos contribuíram para o enfraquecimento de Alexandra. A melhor descrição do relacionamento entre os dois nos foi deixada pelo marquês de Custine: "Ele cuida dela, prepara bebidas, faz com que as tome, como um enfermeiro; assim que ela se põe de pé, volta a matá-la com agitações, festas, viagens, amor (...). Mulher, filhos, criados, parentes, favoritos, na Rússia, tudo deve acompanhar o turbilhão imperial sorrindo até a morte."

Com efeito, Nicolau nunca se deu conta da magreza excessiva de Alexandra, nem da resignação em seus olhos cansados. "É uma grande alegria", escrevia ela ao irmão, "ter sempre uma criancinha em casa, mas eu queria tanto passar vários anos descansando..."

Depois de vinte anos de casamento, o imperador ainda escrevia à mulher: "Deus te deu um temperamento tão feliz que não há mérito algum em te amar. Eu existo para você, você é eu — não teria como dizer de outra forma... Se às vezes sou exigente, é porque busco tudo em você: felicidade, alegria, repouso... Gostaria de fazê-la cem vezes mais feliz..."

A conselheira secreta de Alexandre II

Essa resignada imperatriz daria à Rússia um dos seus maiores czares, Alexandre II, dito o Libertador. Em sua *Viagem pela Rússia*, Théophile Gautier nos deixou um retrato lisonjeiro desse monarca. "O imperador Alexandre II usava naquela noite elegantes trajes militares que ressaltavam seu porte alto, esbelto, desenvolto. Era uma espécie de túnica ou jaqueta branca com alamares dourados; descia até o meio da coxa, orlada de pele de raposa azul da Sibéria na gola, nos punhos e no contorno e salpicada no flanco com as condecorações das grandes ordens. Uma calça azul céu, colante, moldava as pernas e terminava em finas botinas. O imperador traz os cabelos curtos, o que valoriza sua testa lisa, sólida e bem formada. Seus traços são de uma regularidade perfeita; o azul dos olhos se destaca especialmente em virtude dos tons morenos do rosto, menos branco que a testa por causa das viagens e dos exercícios ao ar livre. Os contornos da boca têm uma nitidez de recorte e ondulação absolutamente grega e escultural; a expressão da fisionomia é de uma firmeza majestosa e doce, por vezes iluminada por um sorriso cheio de graça."

Escapando aos arranjos diplomáticos, o encontro de Alexandre com a futura czarina foi marcado pelo amor à primeira vista. O grão-duque era tímido e sensível, à beira do sentimentalismo. Durante a viagem à Europa, logo caiu de amores ao ver Maria de Hesse no teatro de Darmstadt. Tinha ela 15 anos, uma cintura fina, uma pele de lírio e um ar de suavidade. No dia seguinte, dançaram juntos no baile. Valsando levemente inclinada para trás, os olhos fechados, ela deslizava com facilidade na ponta dos sapatinhos de seda. O braço com luva branca até o cotovelo formava sobre o ombro dele uma curva tão graciosa que parecia o pescoço de um cisne.

"Não precisamos insistir", disse o grão-duque ao conde Orlov. "Já tomei minha decisão. Vou casar com a princesa Maria de Hesse, se ela me der a honra de me conceder sua mão."

As cortes da Europa, que tanto haviam esperado essa viagem na qual o herdeiro do trono russo era convidado a escolher entre as jovens das mais ilustres famílias principescas, prendiam a respiração. E de fato, era de conhecimento público que a princesa Maria de Hesse era na verdade filha natural do barão de Grancy, marechal e amante da grã-duquesa Guilhermina... Esperava-se assim que o czar Nicolau I tivesse uma reação brutal, de acordo com seu temperamento orgulhoso e severo. Para estupefação geral, não só ele autorizou o filho a cortejar Maria como declarou num arroubo: "Que alguém ouse dizer na Europa que o herdeiro do trono da Rússia está noivo de uma filha natural!"

O noivado se deu na primavera de 1840. A 8 de setembro do mesmo ano, Maria entrava solenemente em São Petersburgo numa carruagem dourada, ao lado da imperatriz. Seis meses depois, chamando-se já agora Maria Alexandrovna, ela desposava Alexandre. Tinha 17 anos, era bela, tocante, confiante e vaidosa.

A grã-duquesa tornou-se czarina à morte de Nicolau I, em 1855. Na coroação, Maria Alexandrovna usou um vestido de brocado branco orlado com o cordão vermelho da Ordem de Santa Catarina. Estava penteada à russa, com os cabelos arranjados em duas tranças ao redor do rosto. Um colar de três voltas de pérolas e diamantes lhe enfeitava o pescoço. Emocionada, a jovem fez um gesto desajeitado no momento de maior recolhimento da cerimônia e sua coroa caiu. No auge da confusão, ela a apanhou, levou-a de novo à cabeça e, desesperada, murmurou baixinho para o conde Tolstói, marechal da corte: "É um sinal de que não a usarei por muito tempo..."

Maria trouxe ao mundo sete filhos. Ao nascer o último, ante a palidez e a fraqueza da mãe, os médicos aconselharam que deixasse de ter qualquer relação física com o marido. Por bem ou por mal, Alexandre acatou a determinação médica.

E assim a czarina se manteve cada vez mais retirada em seus aposentos, entre seus móveis favoritos, outrora presenteados por Maria Antonieta, e os quadros de Murillo, Ruysdael, Rafael. Ficava horas e horas de olhos fixos nos ícones que não se cansava de acumular. Só a exaltação religiosa era capaz de animá-la. Um torpor do qual só saía na Páscoa, quando seguia os costumes do povo russo, a alegria do "Cristo ressuscitado", a tradição dos ovos pintados, as orações do rito ortodoxo.

A imperatriz passava a maior parte do tempo em companhia do confessor e cuidava de obras de caridade, em particular as do Instituto Smolny. Dominando uma das ramificações do Neva, essa instituição abrigava um pensionato de mocinhas da nobreza. Concebidos pelo arquiteto italiano Giacomo Quarenghi, a construção contrastava pela grande sobriedade formal com a igreja da Ressurreição, obra de Rastrelli, cuja fachada azul, branca e dourada era um exemplo do barroco russo.

Entre as alunas do pensionato, as irmãs Dolgoruki não tinham como passar despercebidas. A delicadeza da lourinha menor já era digna de nota, mas não se equiparava à pele de marfim e aos cabelos magníficos da mais velha, Catarina.

Nascida a 14 de novembro de 1847 numa família de oito filhos, Catiche, como era conhecida na intimidade, carregava o peso de um nome importante. Seu antepassado Yuri Dolgoruki era o fundador de Moscou. Seu pai, Miguel, arruinado por especulações financeiras, tivera de criar as filhas às custas do imperador.

Um século depois, Danielle Darrieux e mais tarde Romy Schneider encarnariam no cinema Catarina Dolgoruki, a jovem estudante que Alexandre passaria a chamar de Kátia. Ninguém esqueceria como a menininha do Instituto Smolny fizera o czar sorrir com espontaneidade e alegria.

O tempo passou. Catarina agora tinha 17 anos. Deixara o instituto e morava na casa do irmão. Um belo dia, durante um passeio pelo Jardim de Verão, cruzou com o imperador. Alexandre não tinha esquecido o rostinho lindo da travessa Catiche. Imediatamente a reconheceu e puxou conversa. Sentindo-se ligada de repente àquele homem na força da idade, como por um sortilégio, a mocinha se perguntou se poderia fugir ao destino que se oferecia a ela.

A Catarina não parecia dar importância ao fato de que ele fosse casado e tivesse trinta anos a mais que ela. O que a incomodava era o fato de Alexandre ser czar. Tratou então de resistir às investidas do soberano. Mas em certa noite de julho, no fundo do parque de Peterhof, no mirante da Babilônia, a jovem sucumbiu ao amor de seu imperador. Nesse dia, ele lhe escreveu: "Hoje, desgraçadamente não estou livre, mas na primeira oportunidade vou desposá-la, pois a considero, agora e sempre, como minha mulher perante Deus... Até amanhã, eu a abençoo!"

A partir dali, e até a morte de Alexandre, o destino dos dois amantes estaria selado.

Diariamente o czar escrevia páginas e páginas a Catarina: "Não esqueça que minha vida inteira está em você, Anjo de minh'alma, e que o único objetivo desta vida é vê-la feliz, o quanto se possa ser feliz neste mundo. Acho que já lhe provei, desde o dia 13 de julho, que quando amava alguém de verdade, eu não sabia amar de maneira egoísta... Vai entender que agora só viverei na esperança de voltar a vê-la quinta-feira próxima em nosso ninho."

O ninho ficava no Palácio de Inverno. Catarina entrava por uma porta oculta da qual tinha a chave e se introduzia num quarto ligado ao apartamento de Alexandre por uma escada secreta.

Não demorou e a corte inteira tomou conhecimento dos amores clandestinos do imperador. Quando o boato chegou aos ouvidos da cunhada de Catarina, a marquesa de Cercemaggiore, esta imediatamente decidiu privar da mocinha o seu imperial amante, levando-a para sua residência em Nápoles. Mas o czar não era homem de aceitar fatos consumados. E quando resolveu, a exemplo de outros soberanos, visitar a Exposição Universal, ordenou que os Dolgoruki se deslocassem de Nápoles ao seu encontro em Paris. Lá, deu um jeito de contornar a vigilância em torno de Catarina, fazendo com que fosse conduzida toda noite ao seu apartamento no Palácio do Eliseu. Ela entrava furtivamente e se entregava ao amante de quem estava separada há tanto tempo. Alexandre escreveu então: "Desde que comecei a te amar, nenhuma mulher mais existiu para mim... Durante todo o ano em que tão cruelmente me rechaçou, como durante todo esse tempo que acaba de passar em Nápoles, não desejei nenhuma outra mulher, nem me aproximei de nenhuma."

A 6 de junho de 1867, depois de uma revista das tropas, Napoleão III, Alexandre e seus dois filhos mais velhos atravessavam o Bosque de Boulogne numa caleche quando apareceu um homem que, brandindo uma pistola, atirou no czar. A bala, disparada por um exilado polonês, apenas resvalou no imperador. Parecendo imperturbável, sem demonstrar qualquer preocupação consigo mesmo, ele saiu correndo para o Palácio do Eliseu. Enquanto os oficiais o cercavam solícitos, ele tentava afastá-los e se desvencilhar para ir tranquilizar Kátia. Abraçando então a mulher amada, Alexandre, segundo suas próprias palavras, saboreou a felicidade de estar vivo.

De volta a São Petersburgo, Catarina instalou-se num palacete privado no cais dos Ingleses. Embora estivesse ligado pelos sacramentos à imperatriz Maria, o czar vivia maritalmente com Catarina. Em São Petersburgo, o relacionamento do soberano era motivo de comentários maliciosos. De maneira que Catarina evitava aparecer em público.

Compartilhando com o amante as preocupações essenciais quanto ao futuro da Rússia, com frequência ela dava sua opinião sobre questões políticas. Alexandre se mostrava atento e apreciava seu bom senso. Muitas vezes, à noite, o imperador apanhava um caderno e desenhava Kátia nua deitada na cama, olhando-o com um sorriso. (Esses esboços imperiais são conservados nos arquivos russos.)

A 30 de abril de 1872, a favorita trouxe ao mundo um menino que levou o nome de Jorge. Durante o parto, difícil, Alexandre exclamara: "Se necessário, sacrifiquem a criança, mas ela tem de ser salva a qualquer preço!"

Como na época da ligação de Alexandre I com Maria Narychkin, a família imperial e a corte se escandalizaram com o nascimento do pequeno bastardo. Tanto mais que, no ano seguinte, Kátia dava à luz a pequena Olga. A imperatriz Maria por sua vez se fechou em total mutismo; só a oração parecia reconfortá-la.

Ao dar aos dois filhos o patronímico Yurevski, em homenagem a Yuri Dolgoruki, o czar lhes concedia um estatuto legal. A 11 de julho de 1874, ele enviou ao Senado o seguinte *ukaz*: "Aos menores Jorge Alexandrovich e Olga Alexandrovna Yurievski, concedemos os direitos que cabem à nobreza e os elevamos à condição de príncipe com o título de alteza." Não era este, de fato, um reconhecimento oficial?

Em 1877, os amantes foram separados por causa da guerra contra a Turquia. No dia seguinte a sua partida, Alexandre enviou estas palavras a Kátia: "Bom dia, querido anjo de minh'alma. Dormi muito bem, mas para mim foi um sonho triste, depois de todo esse tempo de felicidade que passamos juntos. Meu pobre coração se sente partido por tê-la deixado e sinto que trouxe a sua vida comigo, deixando a minha com você." À tarde, acrescentou um pós-escrito: "Passei a manhã inteira trabalhando e acabo de repousar um pouco, suspirando por não vê-la ao despertar, nem nossos queridos filhos... Sempre seu!"

Ao retornar, o czar, ignorando os preconceitos, nomeou Kátia dama de honra da imperatriz, instalando-a no Palácio de Inverno. A jovem nunca buscara todos esses sinais de reconhecimento. Só uma coisa lhe importava: viver por e para Alexandre. Acatou então a vontade do amante, apesar de seu desinteresse pelos turbilhões da corte.

Mesmo apaixonado, o imperador não perdia de vista as reformas que fariam dele um grande czar. Nessa época, Catarina tornou-se sua verdadeira conselheira política.

Quando Alexandre II subiu ao trono, em 1855, a Rússia contava com uma população de vinte milhões de camponeses em estado de servidão. Quatro milhões e setecentos mil trabalhavam em terras de nobres, em minas, fábricas; vinte e um milhões pertenciam aos grandes proprietários fundiários; e um milhão e quinhentos mil eram prestadores de serviços.

Após a coroação, o imperador, exortado pela mulher, anistiara os participantes da revolta de dezembro de 1825, exilados na longínqua Sibéria. A maior de suas preocupações fora a abolição da servidão, vindo em seguida as reformas territorial, judicial e militar.

O país estava em ebulição. Surgira um movimento feminista, tentando melhorar a condição das mulheres. A geração jovem, influenciada pelos críticos da sociedade russa, que se expressavam nos jornais *O Contemporâneo* e *A Palavra russa*, começou a rejeitar em bloco a moral convencional. Os adeptos dessa nova moral foram chamados de "niilistas", pois recusavam as convenções, toda e qualquer restrição. Sua palavra de ordem era: abaixo as roupas "aristocráticas", a religião, as boas maneiras e toda autoridade, a começar pela autoridade parental; seu método: o terrorismo político.

Fosse nobre, comerciante ou camponesa, a família russa funcionava há séculos segundo um mesmo modelo, encarnado no patriarcado autocrático, reino em miniatura de cada chefe de família, réplica fiel da autocracia czarista. Na década de 1860, os filhos de praticamente todas as famílias nobres decidiram que queriam dispor de sua própria vida de acordo com o seu ideal. As moças começaram a ser vistas nas cidades universitárias.

Após a abolição da servidão, proclamada por Alexandre, as mulheres consideraram que chegara a sua vez, e passaram a reivindicar cada vez mais o direito de deixar o tirano doméstico. Enfrentaram a resistência do marido ou do pai, detentores dos passaportes familiares. Na Rússia, com efeito, ninguém tinha o direito de deixar sem passaporte o local de nascimento ou residência. As mocinhas, na qualidade de menores, constavam no passaporte do pai: tinham de casar para dispor do seu próprio, que ficaria na posse do marido. Um número cada vez maior de jovens do sexo feminino tinha um objetivo claro: deixar os pais para estudar, aprender uma profissão que as libertasse do controle da família.

No fim do ano de 1878 se assistiu a uma onda de terror. Um general, o comandante da polícia militar de São Petersburgo, um príncipe, um governador e o diretor da polícia nacional foram assassinados, e o czar escapou de um atentado. Por que tanto ódio contra esse czar que tivera coragem de libertar os servos? Os terroristas consideravam a essa altura que era melhor eliminar o czar reformista que ver a revolução ser comprometida em nome das reformas.

Contra esse pano de fundo de agitação, a czarina e a amante de Alexandre tinham pontos de vista opostos. Maria Alexandrovna combatia abertamente as ideias progressistas, Kátia militava pela proclamação de uma carta constitucional. A este respeito, escreveu um contemporâneo: "Recepção oferecida pela imperatriz. Gorchakov [o primeiro-ministro] conta que ela lhe escreveu quatro páginas para dizer que, se ele se aproximasse da Áustria durante sua ausência, estaria sacrificando sua reputação e sua pessoa. A mim ela disse que esperava que não lhe fizesse nenhuma surpresa, o que, dito por ela, significa reformas constitucionais ou favores às minorias religiosas e aos velhos crentes... Não terá sido a primeira vez em que noto a influência nefasta, apesar de pouco visível, que ela pode exercer nos negócios de Estado."

As intromissões da czarina só cessariam com sua morte, em junho de 1880. Agora nada mais impedia Alexandre de finalmente desposar perante Deus aquela que compartilhava sua vida há tanto tempo. Depois de observar o mês de luto exigido pelo protocolo, ele marcou o casamento para 18 de julho. O círculo do soberano ficou chocado com a decisão, tanto mais porque o príncipe herdeiro não seria informado. Quando alguém ousou dizer ao czar que seu filho ficaria cruelmente ofendido, o autocrata respondeu: "Sou o mestre, o único que decide e julga aquilo que faço."

O casamento transcorreu como previsto. "Há muito tempo eu esperava este dia", disse Alexandre. "Quatorze anos. Não aguentava mais, tinha constantemente a sensação de um peso me esmagando o coração. Chego a ficar assustado com essa felicidade. Ah! que Deus não a leve muito cedo..."

Depois de ordenar ao Senado que concedesse a Catarina o nome de princesa Yurievskaia, com o título de alteza sereníssima, para ela e os filhos, o czar quis realizar seu sonho — a coroação de Kátia. Seu novo primeiro-ministro, o reformista Loris-Melikov, viu então uma oportunidade de instaurar um regime constitucional na Rússia. Pois desse modo, segundo ele, o povo aceitaria melhor a coroação da jovem. Agora faltava convencer o soberano. Foi à beira do mar Negro, onde estavam em veraneio, que o hábil ministro e sua aliada Kátia finalmente convenceram Alexandre dos seus pontos de vista.

A 1.º de março de 1881, o czar assinava a carta constitucional contemplando o princípio da representação nacional, a ser aprovada pelo Conselho de Ministros três dias depois. Em seguida, dirigiu-se à Escola de Equitação Miguel para assistir à troca da guarda. A primeira bomba lançada pelos terroristas explodiu junto à carruagem imperial. Alexandre II desceu para dirigir algumas palavras de conforto aos feridos. Foi quando uma segunda bomba o atingiu mortalmente.

Do tumulto retirou-se um corpo dilacerado, o pé direito arrancado, rosto e cabeça cobertos de ferimentos, um olho fechado, o outro sem vida.

Kátia ficou muito tempo prostrada diante do cadáver do imperador, beijando suas mãos intactas e murmurando "Sacha"... Tinha implorado que ele não saísse, mas Alexandre garantira que nada poderia lhe acontecer, pois uma cigana previra que só morreria no sétimo atentado — e só cinco haviam ocorrido até ali... A Kátia só restava deixar a Rússia para sempre.

No funeral, quando a cerimônia já chegava ao fim e toda a família imperial já beijara a mão do falecido, Catarina surgiu envolta em longos véus de crepe, apoiada no conde Adlerberg. Um diplomata francês relatou a cena: "Com passo trêmulo, ela subiu os degraus do catafalco. E então, caindo de joelhos, mergulhou em oração, a cabeça afundada no caixão. Passados alguns minutos, levantou-se com dificuldade, voltou a se apoiar no braço do conde Adlerberg e se afastou lentamente na direção do fundo da igreja... De todas as lembranças que eu guardava dessa viagem, a fugidia aparição da princesa Yurievski na Catedral da Fortaleza foi uma das mais vívidas."

Quarenta anos depois, a 15 de fevereiro de 1922, uma velha princesa russa viria a falecer em Nice. Sua morte foi lamentada apenas por um punhado de fiéis, em meio à indiferença geral. E no entanto Catarina Dolgoruki, princesa Yurievski, ficará na História como inspiradora de um grande reformador. Aquele que, a 2 de março de 1861, proclamara que não existiam mais escravos na Rússia, que todos os cidadãos se tornavam iguais.

Atrás do atual Museu Púchkin, em São Petersburgo, ao longo do Canal Catarina, ergue-se uma igreja muito parecida com São Basílio, o Bem-Aventurado. O interior é de mármores e pedras finas, as fachadas e as paredes internas são ornamentadas com mosaicos e ícones. Suas muitas cúpulas rivalizam com o barroco da igreja da Praça Vermelha, pelas formas variadas e coloridas. Alexandre III mandou construí-la no exato lugar em que seu pai foi morto a 1.º de março de 1881.

Alexandre III iniciou seu reinado indo de encontro às reformas liberais adotadas pelo pai. Sua mulher não desempenhou nenhum papel político, mantendo-se à sombra do marido.

Durante treze anos, o imperador deu ao país a paz externa e interna, construiu centenas de quilômetros de vias férreas, ordenou a construção da Transiberiana, promoveu um salto espetacular da produtividade agrícola e industrial e encheu as caixas do Tesouro. Também restaurou em toda a Europa, especialmente na França, o prestígio e a influência da Rússia, muito abalados depois da guerra russo-turca conduzida pelo pai.

Mas sua política baseada nos princípios eslavófilos não era compatível com a realidade do império, com suas múltiplas nacionalidades e dilacerado por contradições internas.

Alexandra Feodorovna ou o enigma da última czarina

No dia 17 julho de 1998, exatamente oitenta anos depois do assassinato da última czarina, Alexandra, e de seu marido, Nicolau II, seus corpos foram solenemente enterrados na cripta da Catedral de São Pedro e São Paulo, em São Petersburgo, onde fica o mausoléu da dinastia dos Romanov desde Pedro, o Grande. Os filhos do casal e as outras pessoas massacradas com eles no subsolo da casa Ipatiev de Iekaterinburgo foram sepultados a seu lado: três das filhas, as grã-duquesas Tatiana, Olga e Anastácia, o médico da família, Ievgueni Botkin, o cozinheiro, Ivan Kharitonov, a camareira Ana Denidova e por fim o camareiro Alois Trupp. Faltavam duas vítimas: o czaréviche Alexei e a grã-duquesa Maria. Seus restos mortais não foram encontrados na exumação oficial, em 1979.

Esse "retorno das cinzas" foi promovido como uma cerimônia de expiação e reconciliação coletiva: *Pokoyaniyé y soglassiyé*, como se diz em russo, numa expressão tomada de empréstimo à teologia ortodoxa.

Os monarquistas viram nisso uma completa reabilitação do último czar e da sua obra. Os liberais preferiram achar que se homenageavam, por meio dos "mártires de Iekaterimburgo", as vítimas das "liquidações" leninistas e stalinistas. E os nacionalistas, por fim, inclusive os nacional-comunistas, destacaram "o restabelecimento da continuidade da milenar história russa".

A nostalgia imperial é forte em todos os meios, mas, como se costuma dizer em Moscou, "uma restauração, no fim do século XX, exigiria um Juan Carlos". E esse Juan Carlos não existe. Nem Yeltsin, cognominado Bóris I por uma imprensa cada vez mais impertinente, nem sua filha Tatiana Yumasheva, a "czarina", nem Gueorgui, de ascendência caucasiana pela mãe, poderiam se candidatar a esse papel. Mesmo reabilitados, Nicolau e Alexandra parecem destinados a continuar sendo o último czar e a última czarina.

Para os russos, Alexandra ainda é o símbolo da conselheira política secreta. A seu crédito, uma vida pessoal bem-sucedida. Ela amava o marido e lhe dava excelentes conselhos na escolha dos colaboradores: primeiro, o conde Serguei Witte, depois, Piotr Stolypin. Sob sua direção, a Rússia teve um desenvolvimento extremamente rápido e uma vida cultural brilhante. Foi a "era de prata" na literatura, a época dos simbolistas e dos primeiros cubistas na pintura, dos Balés Russos na música e na dança. Os motivos de crítica no que lhe diz respeito são as duas guerras, uma perdida, em 1904, contra o Japão, a outra, que custou muitas vidas russas, a guerra de 1914, além das duas revoluções, em 1905 e 1917. Muitos acharam que ela teve um papel fatal no casal imperial e que não tinha as qualidades necessárias para ocupar funções tão importantes. Sua fragilidade física e seu temperamento introvertido não lhe permitiram desempenhar um papel político benéfico para a Rússia em época de crises. Mas na Rússia de hoje começa a se impor uma imagem mais favorável da última czarina, exatamente na medida em que a ideologia comunista se evapora. Na década de 1970, ela foi veiculada pelo *Samizdat* — uma publicação "paralela" — e mesmo por certos meios de comunicação oficiais. Em 1972, o diário de grande tiragem *Zviezda* publicou um relato detalhado e objetivo do assassinato do czar e de sua família, "Os vinte e três degraus". Em 1977, uma elegia em memória da família imperial foi publicada numa revista de Leningrado, *Avrora*. Hoje em dia os retratos da czarina e sua família circulam livremente. E os arquivos também confirmam a excepcional coragem de Alexandra durante o cativeiro.

Tudo começou como um conto de fadas. O herdeiro dos Romanov, o czaréviche Niki, conheceu a adorável Alice de Hesse-Darmstadt, neta favorita da rainha Vitória e prima de Guilherme II, durante um casamento da nobreza em São Petersburgo. Estavam cercados de todo o fausto da Rússia imperial. Os trajes das damas da corte reluziam com suas rendas prateadas cobertas de pedrarias. As roupas, os chapéus e as espadas dos elegantes cortesãos também eram salpicados de diamantes e outras joias. O czaréviche tinha 16 anos e sua princesa, 12. E foi amor à primeira vista. O rapaz teve de esperar cinco longos anos para vencer as reticências da família à perspectiva de um casamento. Alexandre III e a mulher, Maria Feodorovna, teriam preferido como nora uma jovem de nome de maior prestígio que o dos Hesse. Tinham em vista Helena de Orleães, filha do conde de Paris, ou seja, de um parente de Luís XVI, ou então Margarida da Prússia. Mas uma conspiração em família ajudou o jovem Niki, completamente apaixonado por Alice, a conseguir o que queria. A rainha Vitória, mulher do príncipe de Gales (e irmã da imperatriz Maria Feodorovna), Guilherme II, primo do czaréviche e de sua amada, assim como Ella, irmã mais velha de Alice e casada com uma das tias do czar, se articularam para obter o triplo consentimento de Alice, de Alexandre III e de sua mulher. Mas um obstáculo surgiu no último momento. A jovem princesa se recusou a se converter à ortodoxia. Foram necessários três dias de intensas negociações para que cedesse. E Alice se entregou ao destino. A 23 de abril de 1894, se comprometia com ele pelo resto da vida, "o rosto iluminado por uma alegria tranquila", como dizia o czar. De repente, a tímida Alice mudou. A cada dia se mostrava mais amorosa. A futura czarina estava radiante. Levou o noivo para visitar Coburgo e dar longos passeios em seus lugares favoritos.

A princesa era belíssima. Com a auréola formada pelos cabelos de magníficos reflexos dourados, ela desconcertava os interlocutores, fixando os grandes olhos cinzentos em alguma coisa que só ela parecia ver. Ruborizava-se com facilidade e raramente sorria. Nicolau praticamente não mudara desde o primeiro encontro dos dois, seu rosto guardava a mesma expressão sonhadora. A barba e o bigode "cor de tabaco louro" pareciam igualmente sedosos. Ele não era alto, mas de compleição sólida. E seus olhos azuis, às vezes esverdeados, ainda faziam a mocinha corar.

As estadas de Alice na corte da Rússia antes do casamento não foram muito animadoras. Ela não causou grande impressão. Houve quem a achasse esquisita, "desmazelada", outros a consideravam arrogante, orgulhosa, desdenhosa. Sem falar o russo e não conhecendo o francês, suas conversas se limitavam ao inglês. Na realidade, Alice vivia paralisada pela timidez.

O casamento foi marcado para o verão seguinte. Mas a morte do czar Alexandre III alterou os planos. A 1.º de novembro de 1894, o czaréviche subia ao trono como imperador Nicolau II. Anotou então em seu diário: "Senhor! Senhor! Que dia! Deus chamou nosso pai adorado, nosso querido papai, nosso bem-amado. Minha cabeça gira, não consigo acreditar..."

O primeiro compromisso público da futura czarina foi ao lado do caixão de Alexandre III. "Mau presságio", comentou-se. Pelo protocolo, o casal deveria observar dois anos de luto antes de pensar em casamento. Mas esperar tanto seria impossível para os dois apaixonados. A cerimônia foi marcada então para 9 de dezembro, dia do aniversário da imperatriz Maria Feodorovna.

Oito dias depois de subir ao trono, Nicolau desposava Alice de Hesse, batizada de Alexandra Feodorovna pela Igreja Ortodoxa. Ao alvorecer, a viúva de Alexandre III e as grã-duquesas Xênia e Olga, irmãs de Nicolau, vestiram Alexandra com o traje nupcial tradicional. Apertada nesse pesado vestido de brocado de prata e coberta pelo longo manto de cauda longa, de tecido de ouro bordado com arminho, a czarina já sentia o peso de sua nova vida.

Os sinos das catedrais do Kremlin anunciaram a união do venturoso casal. "Eu nunca vi duas pessoas mais apaixonadas e mais felizes", garantia o futuro Jorge V da Inglaterra, primo de ambos. Alexandra ficou reconfortada com a aclamação da multidão em delírio. Quase já podia se sentir amada.

O reinado de Nicolau II e Alexandra começou sob sinistros auspícios. Na coroação, o imperador ofereceu uma grande festa ao povo, perto de Moscou. Trezentas mil pessoas desfrutaram das distrações gratuitas e dos presentes do czar. Por negligência do poder público, buracos, trincheiras e fossos tinham sido deixados expostos na Khodynka, enorme terreno baldio que servia de local de treinamento para a guarnição de Moscou. E quando teve início a distribuição de presentes, o atropelo fez com que muitos caíssem nesses fossos. Segundo os dados oficiais, mil trezentas e oitenta e nove pessoas morreram e mil e três ficaram feridas. O jovem casal imperial ficou horrorizado. Nicolau escreveu em seu diário: "Corria tudo às mil maravilhas até agora, mas hoje um grande pecado foi cometido... cerca de mil e trezentas pessoas foram pisoteadas.

Fui informado às nove horas e meia. Essa notícia me causou uma terrível impressão..."

A mãe do czar recomendou ao filho um castigo exemplar dos responsáveis pela tragédia, a começar pelo governo geral de Moscou. Mas Alexandra intercedeu em favor deste, dirigido pelo grão-duque Serguei, seu cunhado. E Nicolau obedeceu à esposa.

O esboço de sorriso que costumava ondular nos lábios do czar desapareceu. Nicolau herdara da mãe, Maria Feodorovna, princesa Dagmar da Dinamarca, o sangue de Hamlet, príncipe da Jutlândia. Sujeito aos caprichos de uma vontade oscilante, o último czar de todas as Rússias lembrava pelo temperamento a sombra do herói shakespeariano.

Mas Alexandra cuidaria do marido, exercendo sobre ele uma influência a toda prova. Ainda velando os despojos de Alexandre III, ela aconselhara a Nicolau: "A partir de agora, deverá ser informado de tudo, consultado a respeito de tudo. Não deixe que esqueçam quem você é."

Mas nem por isto a jovem e radiante imperatriz perdeu sua timidez doentia. Ela falava com hesitação e seu rosto com frequência se cobria de placas vermelhas. Seu temperamento exageradamente reservado afugentava os mais bem-intencionados, e fora do círculo familiar íntimo Alexandra não era muito apreciada. Sua sogra, em compensação, sempre amável, sorridente e vestida com capricho, causava admiração na corte, que convergia para ela. A imperatriz herdeira nunca demonstrara uma franca boa vontade com essa nora que não considerava "à altura" do seu filho, e a nova czarina sempre sofrera com sua frieza. Instaurou-se então entre as duas uma verdadeira rivalidade, que se estenderia às questões políticas. Enquanto Maria Feodorovna desejava o estabelecimento de um sistema parlamentar, Alexandra se apresentava como a guardiã da autocracia absoluta.

O casamento de Nicolau e Alexandra fora organizado com tanta pressa que não se havia preparado uma residência para os dois. Eles se instalaram provisoriamente, então, no Palácio Anitchkov, onde a imperatriz herdeira em outros tempos dera livre curso a sua paixão pela dança. O mesmo palácio onde tantas vezes Púchkin foi visto com sua encantadora esposa, Natália.

O casal imperial almoçava diariamente com Maria Feodorovna, e em seguida Nicolau voltava a seu gabinete. Alexandra passava os dias esperando sua chegada. A jovem esposa confidenciava em seu diário: "Sinto-me absolutamente sozinha. Ainda não consigo acreditar que estou casada. É como se estivesse apenas fazendo uma visita." Ela também temia um atentado contra o czar. Não devemos esquecer que há mais de vinte anos havia uma guerra entre a autocracia e as organizações terroristas, e que portanto seu marido não estava livre de uma agressão.

Nicolau e Alexandra se instalaram afinal no Palácio Alexandre, atrás do Palácio Catarina, em Tsarskoie Selo.

Em novembro de 1895, a czarina trouxe ao mundo, com terrível sofrimento, uma menina que recebeu o nome de Olga. Embora uma governanta fosse designada para a criança, Alexandra decidiu que amamentaria o bebê, daria banho e cuidaria pessoalmente de vesti-lo. Revolução na corte...

Em 1896 se deu a sua coroação. O povo ficou deslumbrado com a beleza da nova soberana, que usava na ocasião um vestido bordado de fios de prata e ornamentado com dez mil pérolas. No verão, o czar levou a mulher e a filha em visita aos membros reinantes de sua família na Europa. Estiveram, assim, com o imperador Francisco José e a imperatriz Sissi em Viena, se hospedaram em Copenhague com os avós de Nicolau, o rei Cristiano IX e a rainha Luísa. Alexandra teve a alegria de encontrar novamente sua avó, a rainha Vitória, no castelo de Balmoral, em companhia do futuro Eduardo VII. A passagem da família imperial por Paris, a 5 e 6 de outubro, coincidiu com os aniversários de datas trágicas para Luís XVI e Maria Antonieta. Nessa estada, Alexandra pensou que o marido, indisposto depois de um jantar, fora envenenado. Achou também que tinham atirado contra a janela. Essas fobias não eram mera manifestação paranoica. A imperatriz aparentemente tinha alguma presciência do seu destino. Ela confessou esse sentimento ao marido quando apareceram nessa mesma noite na sacada da Galeria das Batalhas em Versalhes, onde Maria Antonieta estivera um dia sozinha frente aos amotinados (como lembrou Catherine Durand-Cheynet). As imagens do passado tinham surgido nela como um sonho. Esses temores não foram levados muito a sério pela corte russa, que via na nova czarina um personagem simplesmente maníaco-depressivo, à beira da psicose.

De volta a Tsarskoie Selo, a jovem se deu conta de que estava grávida. Em maio de 1897, deu à luz uma menina que recebeu o nome de Tatiana. Alexandra mais uma vez tinha um pretexto para fugir da corte, e passava a maior parte do tempo no quarto das crianças, cuidando das duas filhas. No inverno seguinte, participou de alguns bailes e recepções ao lado do marido. A imperatriz parecia mais segura em seu papel e menos distante, mas sua intransigência moral, sua concepção de vida de "pequeno-burguesa bem pensante" estavam muito longe das ideias revolucionárias feministas em voga na época na sociedade russa. As czarinas do século XIX ainda eram vistas como símbolo da autocracia, rígida e imutável. Estavam condenadas a um papel passivo. Delas, se esperava um ou vários herdeiros, uma atitude digna e irrepreensível para servir de modelo a uma corte nem sempre puritana. Elas deviam ser esposas submissas, afetuosas e compreensivas, mães atentas, guardiãs sem falha da fé ortodoxa. Alexandra deplorava a liberdade de costumes: "As jovens senhoras de São Petersburgo só pensam em belos oficiais!"

Fundamentalmente sincera, ela não conseguia dissimular o que pensava de uma corte frívola, hipócrita e ávida. Apegada sobretudo à família e à religião, não suportava mexericos e permissividade. A partir de então a imperatriz consideraria qualquer opinião diferente da sua como um ato de hostilidade contra o marido e a dinastia dos Romanov.

Em 1898, grávida pela terceira vez, a imperatriz teve de ficar de cama. À noite, Nicolau lia *Guerra e paz* para ela. Por mais que Tolstói se mostrasse um terrível crítico do regime imperial, ela compartilhava sua visão da Rússia eterna e sua filosofia da natureza. A menina nascida em junho de 1899 recebeu o nome de Maria, como a exaltada e mística heroína de *Guerra e paz*, da qual Alexandra se sentia tão próxima.

Ela com certeza era feliz com as três filhas, mas não se conformava por não ter dado um herdeiro a Nicolau. Mais que nunca vivia reclusa em seus aposentos privados em Tsarskoie Selo, enquanto a sogra e a corte a acusavam de comprometer o futuro da dinastia

Ante essa hostilidade, a czarina buscou conforto no misticismo. Desejando encontrar um guia espiritual, começou a frequentar regularmente os mosteiros. Em sua desorientação, chegou a recorrer aos procedimentos então em voga nos salões: cartomancia, vidência, mesas giratórias e curandeiro. E assim foi que chegou a Tsarskoie

Selo um certo padre Filipe, especializado na cura física e espiritual dos doentes pela "oração e imposição de mãos". O primeiro contato desse francês com o casal imperial se deu em setembro de 1901 em Compiègne. A corte russa já ouvira falar dos poderes extraordinários do curandeiro pelo famoso Papus, autor de vários tratados esotéricos muito populares em São Petersburgo. Durante a visita à França, Nicolau e Alexandra passaram uma noite inteira com o mago. Tomando conhecimento de seus problemas com a justiça, Nicolau pediu ao ministro francês de Relações Exteriores, Delcassé, que concedesse um diploma ao "milagreiro". Com ou sem diploma, contudo, Alexandra queria a sua presença em Tsarskoie Selo...

Na Rússia, o curandeiro recebeu o título de médico militar e o grau de coronel. Convenceu a imperatriz a nunca mais recorrer ao ocultismo e a confiar exclusivamente em Deus. E lhe assegurou que em breve daria à luz um filho.

No inverno de 1902-1903, Alexandra realmente engravidou, mas um aborto espontâneo pôs fim às suas esperanças. A admiração do czar e da czarina pelo "charlatão" causava indignação em todo o país. O clero não aceitava a influência desse estrangeiro, católico romano, sobre o casal imperial, que teve então de se separar de Filipe. Até sua morte, em 1905, ele manteria correspondência assídua com a imperatriz, que nunca duvidou dos poderes mágicos do "querido Amigo".

Nesse inverno, uma sanguinolenta onda de atentados custou a vida, entre outros, do ministro do Interior e do governador da Finlândia. A czarina se mostrava preocupada com a agitação operária nas fábricas, as revoltas camponesas e a contestação nos meios liberais.

Nessa época, torpedeiros japoneses atacaram de surpresa a esquadra russa ancorada na enseada de Porto Artur. Apesar dos boatos alarmistas, Alexandra não acreditava na iminência de um conflito com o Japão por causa da Coreia, única região do nordeste da Ásia que ainda escapava ao expansionismo russo em direção ao Pacífico. Ela apoiava os esforços de paz do marido porque considerava a guerra um mal absoluto.

A jovem imediatamente passou a cuidar da organização sanitária e dos trens que evacuavam os feridos. Também providenciou a transformação do Palácio Catarina e do Palácio de Inverno em hospitais, com compartimentos destinados à fabricação de gaze. Passou em seguida a se dedicar aos feridos repatriados da frente de combate, trabalhando horas seguidas com as mulheres da corte na confecção de ataduras.

No início de 1904, em plena tormenta, nasceu Alexei, o tão esperado herdeiro. Alexandra finalmente se sentiu legitimada perante a dinastia e o império. Mas quis a fatalidade que, ao desposar Alexandra, Nicolau II unisse a hereditariedade carregada dos Romanov à da casa de Hesse. Alexandra trazia no sangue a funesta diátese do mal de Hesse, a hemofilia, doença transmitida pelas mulheres e afetando exclusivamente os homens.

Quando o bebê tinha seis semanas, ela viu sangue escorrendo do seu umbigo... A hemorragia do czaréviche durou três dias. A imperatriz não deixava um momento sequer o berço, obcecada com terríveis recordações. Lembrava-se do fim trágico do irmão Frederico, que se esvaíra em sangue depois de uma queda, nos braços da mãe. Seu sobrinho Henrique, filho mais velho de sua irmã, morrera aos quatro anos em condições idênticas e seu irmão sofria do mesmo mal; seu tio Leopoldo também morrera em plena juventude.

A partir daí, Alexandra não teria mais um momento de descanso.

Ao chegar o verão, a imperatriz começou a sofrer de edemas nas pernas e fraqueza cardíaca. Nicolau então transportava a querida Alexandra numa cadeira de rodas, para que não se cansasse. Ela estava sempre atenta às preocupações do marido e exigia ser informada de tudo que ele pretendesse decidir. Muitas vezes era ela quem lhe dava as respostas.

No dia 6 de janeiro de 1905, São Petersburgo foi paralisada por greves. Exortado pelo tio, o grão-duque Vladimir, Nicolau desistiu de receber uma delegação de grevistas e voltou para Tsarskoie Selo com Alexandra. Três dias depois, a multidão exigia a presença do czar diante dos portões fechados do Palácio de Inverno...

Só tarde da noite a imperatriz foi informada da tragédia daquele domingo sangrento. "Que angústias estamos enfrentando!", escreveu à irmã. "Chegou a hora das provações... Não acredite nos horrores repetidos pelos jornais estrangeiros. São de deixar os cabelos em pé, com esses exageros sórdidos. Sim, a tropa teve de abrir fogo. É verdade, infelizmente! Várias vezes se disse à multidão que se dispersasse, que Nicky não estava em São Petersburgo e que os soldados seriam obrigados a atirar se tentassem avançar. Mas ninguém ouviu e houve derramamento de sangue. Foram no total noventa e dois mortos e duzentos ou trezentos feridos. Terrível, mas sem isso a multidão se teria transformado numa imensa nuvem e milhares de pessoas teriam sido esmagadas."

A 4 de fevereiro, Alexandra tomou conhecimento do assassinato do grão-duque Sérgio, seu cunhado, dentro do próprio Kremlin. E ficou indignada com a vulnerabilidade do governo imperial, à mercê de pequenos grupos terroristas, e alarmada com a impotência da polícia para impedir tais atentados.

No verão de 1905, o imperador assinou um manifesto imperial anunciando a criação de uma Duma consultiva. A decisão, de graves consequências, foi uma das raras não influenciadas por sua mulher. Imperatriz há dez anos, Alexandra tinha um apego visceral à aristocracia. Via no juramento prestado em sua coroação uma missão divina, um encargo sagrado que Nicolau deveria transmitir. "Você não tem o direito de entregar a seus súditos a menor parte da autoridade que a Providência lhe deu sobre eles. Não tem liberdade para abrir mão da autocracia, como não tem para renunciar à fé ortodoxa", insurgiu-se ela, antes que o marido cedesse às pressões do grão-duque Nicolau e assinasse o manifesto. Ela agora seria czarina de um império constitucional. Dilacerado pela guerra civil e pela agitação revolucionária, o império se incendiava e Alexandra sofria com sua impotência. Considerava igualmente terríveis as atrocidades da revolução e a repressão.

Uma outra decisão capital seria tomada, dessa vez sob sua influência direta. Em poucas semanas, o exército neutralizou as insurreições e restabeleceu a ordem. A imperatriz, aterrorizada com a fúria repressora do presidente do Conselho, Witte, sugeriu ao marido que o substituísse. Propôs então a nomeação de Stolypin para o cargo de primeiro-ministro. Para ela, era urgente encontrar novos colaboradores, enérgicos e fiéis.

No fim desse ano terrível, os problemas cardíacos de Alexandra se agravaram. Ela praticamente não saía mais, e passava a maior parte do tempo acompanhando os primeiros passos de Alexei. Longe do tumulto, o czaréviche crescia sob a proteção da babá e do marinheiro Derevenko. Apesar da vigilância constante, o menino caía ou se machucava. E nada era capaz de conter suas hemorragias. O pequeno Alexei sofria terrivelmente, se debilitava e às vezes passava dias inteiros gemendo. Para Alexandra essa incapacidade de minimizar suas dores era uma tortura. Física e emocionalmente exausta, ela não dava atenção à própria saúde. Limitava-se a evitar qualquer esforço físico e muitas vezes ficava deitada em seu *boudoir* malva (sua cor preferida), obrigando-se apesar de tudo a cumprir os deveres de imperatriz.

Há alguns anos já Alexandra se afeiçoara a Ânia, a filha do camareiro Taniéiev. A relação de Ânia com a imperatriz estava ligada a um estranho sonho. Aos 16 anos, gravemente doente, ela vira Alexandra aparecer estendendo-lhe a mão e curando-a instantaneamente. Sabendo disso, a czarina manifestou o desejo de conhecer a jovem. Desenvolveu-se uma amizade e Ânia conquistou a confiança da soberana. Em meio ao oceano de intrigas e hipocrisia em que estava mergulhada, Alexandra via nela sentimentos puros e desprendidos. A imperatriz gostava de cantar e tocar piano com a amiga, mas a doença a deixava sem fôlego e de mãos azuladas, e aos poucos ela teve de se privar dessa alegria. À noite, lia ou trabalhava em alguma tapeçaria ou bordado em companhia de Ânia, enquanto Nicolau jogava bilhar com o general Orlov. Essa intimidade provocaria ciumeiras, e logo também as piores calúnias. Dizia-se que o general era amante da imperatriz e que Ânia era a intermediária. A onda de ódio contra Orlov e Ânia deixava claro o extremo isolamento do casal imperial. A corte se indignava por não ser mais recebida pelo imperador, que vivia recluso em Tsarskoie Selo, e se vingava difamando os dois únicos amigos dos soberanos.

Na hora do chá, a imperatriz e o marido eventualmente visitavam com Ânia a grã-duquesa de Montenegro, Militsa. Em novembro de 1905, pouco depois da morte de Filipe, a grã-duquesa lhes apresentara um "homem de Deus", por recomendação do padre Teófano, reitor do Instituto de Teologia de São Petersburgo: Grigori Efimovich Rasputin. Morando num modesto apartamento da capital com a mulher e os três filhos, esse siberiano levava uma vida discreta. A imperatriz, como seus contemporâneos, imediatamente ficou seduzida por seu olhar. Um olhar inapreensível que perfurava como uma lâmina. O embaixador da França, Maurice Paléologue, deixou seu testemunho a respeito: "Ele tinha um olhar ao mesmo tempo penetrante e tranquilizador, ingênuo e malicioso, fixo e distante. Mas quando seu discurso se exaltava, um magnetismo incontestável emanava de suas pupilas."

Trajando camisa larga de camponês, calças bufantes colhidas em botas grosseiras, Rasputin seduzia com seu jeito rústico. Chamava o czar de *Batiuchka*, "Paizinho", e a czarina de *Matuchka*, "Mãezinha". Com seu humor jovial e comunicativo, desde o início os tratou como se fossem seus iguais. Inicialmente desconcertado com essa sinceridade inesperada, o casal imperial acabou conquistado. Alexandra, ortodoxa convicta e desejosa de se sentir próxima das raízes camponesas, nas quais enxergava a alma russa, o reconheceu como um autêntico *staretz*. "O *staretz*", escrevia Dostoiévski, "é aquele que se apropria da nossa alma e da nossa vontade, fazendo-as suas. Escolhendo um *staretz*, abrimos mão da nossa vontade, a ele entregando-a em total obediência, em plena renúncia..."

Em dezembro de 1907, Alexei caiu quando brincava no parque e foi levado inconsciente para o palácio. Uma enorme bola violeta se projetava da sua perna. Mais uma vez, nenhum médico conseguiu aliviar suas terríveis dores. Desesperada, a imperatriz implorou que Rasputin acudisse à cabeceira do czarévichev. Só Rasputin tinha o dom de acalmar o menino, fosse pela oração ou por sua prodigiosa força magnética, herdada dos métodos tradicionais dos xamãs curandeiros da Sibéria. Suas visitas ao palácio, pouco frequentes no início, eram mantidas em estrito segredo, pois os soberanos não ignoravam que jamais seriam perdoados por receber um camponês, mesmo sendo um "homem de Deus". Além disso, ninguém tinha conhecimento da doença do czarévichev.

Alexandra estava com 36 anos. Continuava muito bonita, mas quase já sem forças. Seu médico, o doutor Botkin, diagnosticou fadiga cardíaca. Recomendou então que ficasse de cama por três meses. Botkin tinha esperança de um restabelecimento total, apesar da extrema fraqueza da paciente, cujo olhar fixo expressava indizível sofrimento.

No início de outubro de 1908, um telegrama anunciou a morte do general Orlov. Alexandra pranteou amargamente esse que era o único verdadeiro amigo do marido. Mais adiante, iria com frequência depositar flores em seu túmulo. A corte não demorou a comentar. Os boatos acusavam o czar até de ter envenenado o amante da mulher! Dois meses depois, a morte de seu confessor, João de Kronstadt, veio aumentar ainda mais a desolação e a solidão da imperatriz.

A partir de então, Rasputin seria recebido regularmente pelo casal imperial. Durante algum tempo, os salões não associaram o seu nome ao da imperatriz, embora seu comportamento extravagante fosse motivo de críticas.

Cada dia mais Rasputin se tornava indispensável. Embora não curasse o czaréviche, sempre o aliviava. Certa noite, o menino se queixou de uma dor terrível na orelha. A imperatriz telefonou ao *staretz*, que lhe prometeu acalmar o filho. Ao voltar ao quarto do menino, Alexandra o encontrou dormindo tranquilamente. Sentira-se melhor a partir do momento em que a mãe entrara em contato telefônico com o siberiano.

Como ninguém tinha conhecimento da doença do czaréviche, o círculo mais próximo dos soberanos começou a se perguntar o motivo de tão grande interesse da imperatriz por aquele "libertino". Dizia-se, naturalmente, que eram amantes, e que Ânia Vyrubova segurava a vela! Uma carta publicada num livro de Illiodor, um clérigo próximo de Rasputin que se tornara seu feroz adversário, foi usada para acusar a czarina.

"Meu bem-amado e mestre inesquecível, salvador e guia, como sinto a sua falta. Estou sempre tranquila quando está perto de mim, ó meu mestre. Beijo suas mãos e pouso a cabeça no seu ombro robusto. Quanta leveza, quanto conforto sinto nesse momento. Um só desejo me vem então: adormecer, adormecer por toda a Eternidade nos seus braços. Onde está você? Que enorme dor, que enorme angústia apertam meu coração... Sua bem-amada pela Eternidade." Mas essa declaração é duvidosa, pois o original nunca foi encontrado.

Rasputin, por sua vez, gostava de deixar pairar uma certa dúvida a respeito de suas relações com a czarina. Certa vez, jantando num restaurante da capital com duas senhoras e dois diretores de jornais de escândalos, declarou em alto e bom som: "Faço dela o que bem entendo. Ela é obediente!" Em seguida, segundo se diz, teria exibido seu sexo, continuando a falar assim mesmo com dançarinas ciganas. Essa atitude de provocação de certa forma lembra o comportamento tradicional dos *iorudivis*, os loucos de Cristo que vagavam pelo país desprezando as convenções e que eram considerados a consciência personificada do povo.

Obedecendo a ordens do primeiro-ministro Stolypin, os agentes da Okhrana, a polícia secreta, relatavam cada gesto e cada ato do siberiano.

Um desses relatórios chegou às mãos da imperatriz. Mencionava um escândalo provocado por ele nos banhos, em companhia de prostitutas. Nessa noite, Rasputin estava na verdade no Palácio Alexandre. A czarina deduziu que os relatórios eram mentirosos, chegando a acreditar numa armação da polícia secreta.

O enigma das previsões de Rasputin ainda hoje faz correr muita tinta. Desde o início da relação com o casal imperial, ele declarara solenemente a Nicolau: "Enquanto eu estiver vivo, seu trono e os seus nada terão a temer..."

Em setembro de 1911, o *staretz* da imperatriz implorou ao soberano que não fosse a Kiev, onde o aguardaria uma desgraça. Durante essa visita é que Stolypin foi assassinado. Graças a suas reformas, o grande ministro deixava uma Rússia forte e estável, com a economia em plena expansão.

Nesse ano, Alexandra visitou o Novo Palácio em Livadia, na Crimeia. Construído dois anos antes por um arquiteto russo, o prédio de estilo italiano era totalmente branco. O quarto do casal imperial dava para o mar, e era perfumado por uma infinidade de flores. O tratamento seguido pela czarina no ano anterior nas águas de Nauheim, na Alemanha, consideradas eficazes contra doenças do coração, lhe fizera muito bem, e ela começara a andar de novo.

Apesar de se ressentir dos acontecimentos de Kiev, ela passou os primeiros dias no Novo Palácio, decorando os aposentos com Ânia Vyrubova. Espalhou por toda parte fotos, ícones, quadros e bibelôs, para se sentir "em casa".

O ar marinho e da montanha melhorou a saúde do pequeno Alexei. A imperatriz também sentiu que vivia de novo; seu filho desabrochava e a população parecia em ânimo favorável aos soberanos. E finalmente ela podia esquecer as fofocas e se dedicar às obras de caridade de que tanto gostava. Assim foi que mandou construir dois sanatórios, usando suas economias pessoais. Para ampliar os fundos necessários à construção dos novos estabelecimentos, promoveu vendas beneficentes. Trabalhava horas seguidas sem descanso ao lado das filhas, das damas de honra e do séquito, desenhando, costurando e bordando roupas de cama com suas iniciais, que eram vendidas com grande facilidade. Era a sua verdadeira vocação: ajudar, aliviar, se dedicar, como fazia com todos que amava.

As meninas tinham crescido. Olga, a mais velha, completaria 16 anos. Era sensível e sonhadora, inteligente e cultivada, dotada de talento musical. Para comemorar sua maioridade, a imperatriz ofereceu um magnífico baile em Livadia.

Mas logo viria a tormenta turvar esse momento de trégua. Mais uma vez a calúnia atingia o casal imperial. Caricaturas e quadras satíricas circulavam na capital, mostrando Rasputin e suas duas amantes, Alexandra e Ânia Vyrubova — a imperatriz apresentada como alemã histérica, nas mãos do anticristo, do próprio diabo. O caso era grave. E por mais que a polícia buscasse e ordenasse, de nada adiantou. A intriga contra Rasputin servia como ponta de lança de um empreendimento de destruição.

Meses depois, Alexei se machucou saltando de um barco. A queda provocou a mais grave crise enfrentada por ele. Os médicos não ousavam tentar uma operação e Rasputin estava na Sibéria. Não podendo faltar aos convidados da abertura da temporada de caça, Alexandra viveu um verdadeiro calvário. Sempre que podia, dava um jeito de acorrer à cabeceira do filho e voltava aos salões, fazendo o possível para dissimular sua angústia com um sorriso triste.

No fim de outubro, o ritmo cardíaco de Alexei diminuiu tanto que ele recebeu os últimos sacramentos. Nicolau, Alexandra e as filhas rezavam junto à sua cama. Se recusando a acreditar num desenlace fatal, Alexandra mandou Ânia telegrafar a Rasputin. A resposta veio imediata: "Confie, o mal não vai levá-lo. Que os médicos não o façam sofrer."

Em questão de horas a febre caiu e o tumor diminuiu. O menino estava salvo. Mas levou meses se recuperando e precisou usar um aparelho ortopédico para curar a perna.

A família imperial viajou para Livadia na primavera de 1914. As flores das árvores frutíferas, os jasmins e as glicínias perfumavam os terraços do Novo Palácio. Ali, longe do disse-me-disse da capital, a vida era tranquila. Alexei voltara a correr e a se divertir.

Em junho, pouco depois do atentado de Sarajevo, Rasputin foi apunhalado por uma mulher na Sibéria. Não tendo certamente esquecido a profecia do salvador do seu filho, Alexandra rezou longas horas pelo seu restabelecimento.

A imperatriz juntou todas as suas forças em julho para receber o presidente francês, Raymond Poincaré. Alexei tinha se machucado mais uma vez ao subir a bordo do iate imperial *Estandarte*, e ela tivera de cuidar dele. Apesar dos boatos alarmistas, Alexandra esperava mais uma vez que não estourasse uma guerra. Desde o ultimato da Áustria à Sérvia, Nicolau passava os dias e as noites no gabinete, enquanto Rasputin escrevia, da Sibéria, que essa guerra seria um desastre para seu país e sua família...

Na noite de 1.º de julho, o czar entrou lívido no *boudoir* malva da mulher: "Aconteceu. A Alemanha nos declara guerra..."

A imperatriz ficou furiosa com Guilherme II, acusando os Hohenzollern de semearem a discórdia na Europa por ambição e orgulho desmedido. "Que foi que eles fizeram da Alemanha da minha infância?", protestava.

Mas Alexandra agora era russa. Engajou-se completamente na guerra ao lado de Nicolau, decidida a lutar até o aniquilamento do império alemão.

Ante a obstinação dos soberanos, Rasputin, de volta a São Petersburgo, reiterou suas profecias: aquela guerra total levaria a Rússia a um caminho perigoso, mergulhando-a na sombra durante décadas...

A imperatriz providenciou novamente a instalação de um hospital no Palácio Catarina e pôs apartamentos à disposição dos parentes dos feridos. Juntamente com Ânia e as filhas Olga e Tatiana, fez um curso rápido de enfermagem. Cuidava dos feridos graves com uma solicitude exemplar. Alguns só aceitavam ser tratados na sua presença, de tal maneira os reconfortava. Ela concluía seu dia com uma oração coletiva durante a qual todo mundo cantava. Quando a saúde de Alexei permitia, retornava depois do jantar à cabeceira dos que solicitavam sua presença.

Aos poucos as frentes de batalha foram caindo sob o fogo inimigo. A czarina, aclamada pelo povo na declaração de guerra, agora era "a boche".

Nicolau se ausentava com frequência cada vez maior, percorrendo o país. Alexandra lhe escreveu: "Meu anjo, meu tesouro adorado, meu sol... Você está constantemente e para sempre no meu pensamento." Para ela, a guerra era "terrível", pensava em seus parentes que lutavam de ambos os lados e se preocupava com cada um deles.

Na ausência do marido, Alexandra teve de abandonar temporariamente as atividades no hospital, precisando assumir uma parte dos encargos imperiais. Constantemente lembrava aos ministros a necessidade de uma união nacional em torno do imperador. E também percorreu o país durante o ano de 1914, fiscalizando instalações sanitárias e se doando ao máximo. Nessas pequenas viagens, ela encontrava seu querido Nicolau por algumas horas ou uma noite.

Em janeiro de 1915, um trem procedente de Petrogrado* descarrilou. Ânia Vyrubova, que estava entre as vítimas, foi dada como desaparecida. A imperatriz imediatamente pediu a Rasputin que fosse ao local do desastre. O siberiano se ajoelhou junto à ferida e passou as mãos no seu rosto. A jovem sentiu um calor percorrer o corpo e disse: "Então não era a minha hora..." Ainda assim, continuaria doente até o fim dos seus dias.

Apesar de sua dedicação e generosidade, a imperatriz continuava sendo alvo de boatos, e a partir de junho começaram a pedir sua cabeça e a de Rasputin. Para ela, Rasputin fora enviado por Deus para salvar o império, e esses ataques só podiam levar a uma desgraça.

Em agosto, a Galícia e a Polônia caíram nas mãos dos alemães. Chegara o momento de o imperador impor sua vontade aos ministros, aos generais e ao grão-duque Nicolau. "Mostre-lhes quem é que manda. Eles precisam aprender a tremer diante de você. Lembre-se do Senhor Filipe, Grigori diz a mesma coisa...", escrevia Alexandra. Ela não tinha muita simpatia pelo grão-duque Nicolau, primeiro porque ele detestava Rasputin, e depois porque não obedecia às ordens do czar. Exortou então o marido a assumir o comando das tropas no lugar dele. Iniciativa que certamente não lhe seria perdoada...

Enquanto a calúnia continuava fazendo seus estragos, o casal permanecia absolutamente unido, como relatou o grão-duque Paulo: "É admirável a coragem de ambos. Jamais uma palavra de queixa ou desânimo. Eles só pensam em apoiar um ao outro."

A czarina viu orgulhosa Nicolau anunciar com firmeza, sob protestos gerais, que ia para a Stavka.** "Lembre-se de como nos abraçamos com ternura na noite passada. Como vou esperar as suas carícias!", escrevia ela no dia seguinte à partida do marido.

---

* O nome de São Petersburgo foi russificado desta forma em 1914.

**Quartel-general das forças armadas. (N. T.)

Agora o poder estava em suas mãos. Apoiada por Rasputin, ela combatia pela futura glória da Rússia. O siberiano, como outrora Filipe, incutira nela o apego à tradição e à ordem. Ela estava preparada, portanto, para assumir a dimensão repressiva da autocracia, ajudada pelo querido "Amigo". Monarquista e populista, Rasputin amava a czarina à sua maneira, queria salvá-la e tirar o país da guerra. Mas este passo foi além do que poderia ter sido dado por aquela imperatriz de origem alemã. Uma testemunha declarou na época: "Nem os inimigos mais perversos e encarniçados do poder czarista teriam encontrado maneira mais certa de desacreditar a família imperial. A Rússia já teve favoritos que, aproveitando-se da simpatia do monarca, dirigiam a política do país. Rasputin também 'faz' ministros às vezes. Mas seu principal objetivo é ajudar o czar e a czarina, perdidos num mundo assustador..."

Por enquanto, o que Alexandra esperava do governo era claro: pôr fim às disputas internas para vencer a guerra e acabar com as campanhas de difamação. Ela tratou assim de dispensar alguns ministros hostis a Rasputin, o que gerou forte descontentamento. Enquanto a corte considerava Rasputin como uma das causas diretas do delírio político da imperatriz, a czarina herdeira queria mandar trancar a nora num convento: "Acho que Deus terá piedade da Rússia. Alexandra Feodorovna precisa ser afastada. Não sei como isto será feito. É possível que ela enlouqueça, entre para um convento ou desapareça."

Cada vez mais convencida da incapacidade dos generais, Alexandra escreveu a Nicolau: "... Foi-se o tempo da indulgência e da bondade. É preciso obrigá-los a se inclinar diante de você, a ouvir suas ordens e trabalhar como você deseja e com quem você quer... Por que me detestam tanto? Porque sabem que eu tenho uma vontade firme e quando estou convencida de que algo é justo (e além do mais abençoado por Grigori), não mudo mais de opinião; e isto eles não suportam." A 14 de dezembro de 1916, ela escrevia ainda: "Nosso querido Amigo te pediu que dissolvesse a Duma... Pois então seja como Pedro, o Grande, Ivan, o Terrível, esmague todos eles debaixo dos seus pés... Você tem de me ouvir, acabe com a Duma..."

Mas a 31 de dezembro o corpo de Rasputin, assassinado pelo príncipe Félix Yussupov, era resgatado do Neva. Nos sombrios dias do início do inverno de 1917, a czarina visitou diariamente o túmulo do

"Amigo". Arrasada, não conseguia ouvir música sem chorar. E agora era acusada de estar se comunicando com "o espírito de Rasputin" por meio do ministro do Interior, Protopopov, que diziam ser médium...

Algum tempo antes de morrer, Rasputin escrevera a seu secretário, Simanovich:

"Escrevo esta carta para deixá-la para trás em São Petersburgo. Sinto que antes de 1.º de janeiro não estarei mais neste mundo. Gostaria de transmitir ao povo russo, a Papai e à Mãe dos Russos, aos Filhos, à terra da Rússia o que eles precisam entender. Se eu for morto por assassinos comuns, e em particular por meus irmãos, os camponeses, você, czar da Rússia, não tema nada, permaneça no trono e governe, e você, czar da Rússia, nada terá a temer por seus filhos, pois eles reinarão durante séculos sobre a Rússia. Mas se eu for morto por boiardos ou nobres, e se eles derramarem meu sangue, suas mãos permanecerão para sempre sujas, e durante vinte e cinco anos não conseguirão mais fazê-lo desaparecer. Eles deixarão a Rússia. Irmãos matarão irmãos, vão se odiar entre eles e durante vinte e cinco anos não haverá mais nobres neste país. Czar da terra da Rússia, se ouvir o som dos sinos avisando que Grigori foi morto, saiba do seguinte: se foram seus parentes que prepararam a minha morte, nenhum membro da sua família, vale dizer, nenhum dos seus filhos ou dos seus parentes sobreviverá mais de dois anos. Eles serão mortos pelo povo russo..."

Apesar do luto, a czarina participou das cerimônias da corte e recebeu os participantes da Conferência dos Aliados. No início de 1917, a situação política se deteriorara ainda mais. As greves se tornavam cada vez mais frequentes. A 7 de março, Alexandra acompanhou Nicolau à estação ferroviária. Ele retornava ao quartel-general. No dia seguinte, Petrogrado despertou com um frio de quarenta e três graus abaixo de zero. Mil e duzentas locomotivas se transformaram em blocos inamovíveis de gelo. Cinquenta mil vagões destinados a abastecer a capital ficaram paralisados. Homens e mulheres famintos saíram às ruas, em greve. Os soldados confraternizaram com os manifestantes.

Enquanto isso, Alexandra cuidava dos filhos e de Ânia, que haviam contraído sarampo um após o outro. Longe do tumulto, ela só se deu conta do perigo quando os guardas do palácio contaram que os regimentos estavam se amotinando e massacrando os oficiais. E apesar disso não parava de repetir para si mesma: "Jamais acreditarei que seja possível uma revolução! Tenho certeza de que a agitação se limita a Petrogrado..." Ela telegrafou ao czar que voltasse com urgência. Nicolau, que acabara de ter um mal-estar cardíaco, anunciou que chegaria em breve.

Intimado em seguida a abdicar pelo governo provisório criado pelos membros da Duma, o imperador renunciava ao trono por si e pelo filho. Nicolau Romanov foi autorizado a se despedir do exército e da mãe e mandado para Kiev.

Em julho de 1917, o governo provisório decidiu enviar a família imperial para Tobolsk, na Sibéria. Alexandra, que no início se insurgira, revoltada, encontrou lá uma espécie de paz interior. Escreveu então a Ânia, presa na fortaleza Pedro e Paulo: "Deus está muito perto de nós, sentimos o Seu apoio e ficamos surpresos por conseguir suportar acontecimentos e separações que em outros tempos nos teriam matado. Embora soframos horrivelmente, a paz reina em nós. Eu sofro sobretudo pela Rússia... Apenas, não entendo mais nada, parece que todo mundo enlouqueceu..."

A inspiradora secreta de Brejnev

Em 1917, a revolução de fevereiro, primeiro, e depois o golpe de Estado bolchevique de outubro marcaram o fim da monarquia. A Rússia agora era soviética. Foi sob esse regime que eu nasci, em Moscou, em 1950. Stalin dirigia o país como senhor absoluto. Minha juventude transcorreu sob Kruschev, e na época de Brejnev me tornei diplomata. Devo minha carreira ao conhecimento das línguas árabe e francesa, e assim me aconteceu de trabalhar como intérprete de Brejnev em negociações com dirigentes estrangeiros. Mais tarde, me associei à equipe de Gorbachev, em particular a Alexandre Yakovlev, o pai da Perestroika. Mas no início de 1991 larguei a carreira para participar da fundação do Movimento de Reformas Democráticas, do qual fui porta-voz durante a resistência ao golpe paleocomunista de agosto.

Depois da Revolução de Outubro, não obstante as retumbantes declarações dos bolcheviques sobre a igualdade dos sexos, a influência real das mulheres na vida política diminuiu. Sabemos, é claro, que Alexandra Kollontai foi designada comissária do povo no primeiro governo de Lenin, empreendendo uma campanha espetacular pela união livre e o direito da mulher de dispor de si mesma. Mas Lenin, como Stalin, queria provar que a vida privada não tem importância. Nem as mulheres dos dois nem suas amantes desempenharam papel determinante na formulação das respectivas estratégias políticas. O que é confirmado pelo breve interlúdio amoroso de Lenin com Inès Armand. Reinava na sociedade soviética uma misoginia profunda. Às mulheres cabia cuidar da família e trabalhar: levantar-se para servir o café da manhã, levar o filho à escola e seguir para o trabalho, fazer as compras no intervalo do almoço, voltar para buscar o filho, preparar a refeição, arrumar a casa, passar a roupa etc. Seu único consolo era o dia das mulheres, o feriado de 8 de março. Ainda hoje, nesse dia, os homens russos costumam oferecer à mãe, à mulher ou à filha um buquê de flores ou um presentinho, como forma de agradecimento. Mas raros botam a mão na massa.

Os primeiros fatores de evolução nesse terreno só surgiriam após a morte de Stalin, em 1953.

A 14 de fevereiro de 1956, durante uma sessão fechada do XX Congresso do PCUS, Nikita Kruschev teve a coragem de voltar os projetores para os crimes de Stalin. Aliás, foi essa política de desestalinização lhe permitiu manter uma imagem simpática na história.

Como os antecessores, ele não teve uma conselheira política secreta. Sua mulher, o próprio símbolo da *babushka*, se manteve sempre na sombra. É verdade que o irrequieto líder introduziu sua amiga Ekaterina Furtseva no círculo restrito dos dirigentes do Kremlin. Ela foi a primeira mulher admitida no Birô Político. Mas essa apreciadora de vodca e dos banhos russos não conseguiu se manter no mais alto nível, e não demorou a ser rebaixada para o posto subalterno de ministra da Cultura.

A agenda sobrecarregada dos jovens soviéticos não lhe dava tempo de participar da vida pública. As mulheres representavam apenas um quarto dos membros do Partido. E se não fizessem parte do PCUS, não tinham acesso a nenhuma função influente. Embora estivessem bem representadas nas províncias, nenhuma chegou a ocupar funções altas, à exceção de Ekaterina Furtseva.

Esse panorama não dizia respeito apenas à época de Kruschev, mas também de seu sucessor.

No outono de 1964, Leonid Brejnev foi proclamado "czar vermelho" com o apoio dos boiardos da *nomenklatura*,* preocupados em garantir seus cargos ameaçados pelas reformas de Kruschev.

Autêntico mestre da intriga política, jovial apreciador da boa mesa, da caça e de carros esporte, o novo dirigente tinha traços de caráter

---

* A "casta dirigente" da união soviética: altos funcionários do Partido Comunista, titulares de cargos burocráticos e técnicos, artistas e outros membros da sociedade gozando de situação privilegiada junto ao poder. (N. T.)

bem especiais. Nascido na Ucrânia, até o fim da vida esse meridional se considerou a própria encarnação do charme masculino. Ao chegar ao poder, era um homem com seus 50 anos, enérgico e combativo.

Eleito número um do país, Brejnev dava livre curso ao próprio narcisismo. Sua maior preocupação era se manter em boa forma. Para isto, nadava duas horas diariamente; e duas vezes por dia recebia visita do cabeleireiro, para domar a cabeleira espessa. Toda semana ele se entregava a sua grande paixão: a caça. Assim, mandou ampliar a propriedade florestal de Zavidovo, pertencente ao Ministério da Defesa, na qual desfrutava de um pavilhão de caça. Situada a cerca de cem quilômetros a noroeste de Moscou, a propriedade se transformou numa verdadeira empresa de criação de cavalos, vacas, patos, perdizes e martas. Contava com uma equipe de nada menos que cinquenta pessoas. Conta-se que quando convidou a mãe a visitar o salão de banquetes de Zavidovo, dotado de uma lareira monumental, o secretário-geral perguntou: "E então, mamãe que achou?" Depois de percorrer a enorme e luxuosa peça, a sra. Brejnev respondeu ao filho: "Maravilhoso, Leonid, mas e se os vermelhos voltarem?"

Muitas conquistas femininas foram atribuídas a Leonid Brejnev, embora ele demonstrasse certa ternura pela mulher, Viktoria. Quantas funcionárias de seios imponentes não terão feito carreiras fulgurantes! E por sinal ele sempre se mostrou magnânimo com as mulheres. Em 1974, em visita à Crimeia, quis se reencontrar com Tatiana K., que fora sua amante durante a Segunda Guerra Mundial. A velha senhora de cabelos grisalhos ficou muito emocionada ao rever seu belo general, e quando Brejnev jogou a seus pés um casaco de pele, ela murmurou num soluço: "Leonid, você é um czar de verdade..."

Viktoria Petrovna fingia ignorar as aventuras do marido. Nunca se punha em destaque e se mantinha enclausurada em casa, como as mulheres dos *terems* em outros tempos, raramente o acompanhando nas viagens ao exterior. E Brejnev considerava mesmo que sua família não tinha nada a ver com as viagens políticas.

O casal teve dois filhos. O mais velho, Yuri, conhecido apreciador de vinhos, tornou-se vice-ministro do Comércio Exterior; a filha, Galina, dada à boa mesa, como o pai, tinha péssima reputação no país. Suas escapulidas em companhia de artistas de circo eram lendárias, tendo ficado como um símbolo da decadência brejneviana.

A vida cotidiana dos Brejnev carecia de fantasia. Moravam numa *datcha* de três andares, construção sem alma tipicamente soviética, a cerca de dez quilômetros de Moscou. Brejnev seguia o mesmo ritual diariamente. Por volta de nove horas, ia para o gabinete depois de tomar o café da manhã em companhia da mulher e do guarda-costas; à noite, voltava tarde para jantar e falava pouco. Nem sempre lia atentamente os documentos oficiais e se limitava a assinar as resoluções preparadas pelos assessores.

Nesse teatro do absurdo, o secretário-geral tinha seus pequenos prazeres. A chegada do alfaiate, por exemplo, o deixava de excelente humor. Para seus ternos sob medida, ele passava horas escolhendo os melhores tecidos importados, em geral ingleses. A luta contra o peso se transformara em mania. Em seu gabinete no Kremlin, como também nas *dátchi*, ele acumulava uma quantidade impressionante de balanças, se pesando obsessivamente.

Quando se manifestaram em 1973 os primeiros sinais da doença cardíaca, o czar vermelho exigiu um elixir da juventude. Institutos científicos ultrassecretos e departamentos universitários inteiros trabalharam sem descanso para atender ao secretário-geral. Um laboratório do complexo militar-industrial logo conseguiu desenvolver um estimulante autônomo a ser ingerido em forma de pílula. Mediante estímulos enviados ao cérebro com ondas de comprimento igual à dos transmissores naturais, esse estimulante regenerava a energia do organismo, dando-lhe nova vitalidade. Com esse influxo energético, a pílula permitiu a Brejnev sobreviver longo tempo. Ainda hoje ela é fabricada por uma empresa ligada ao Ministério da Defesa.

Mas essa proeza técnica não satisfez Brejnev, e a medicina tampouco conseguiu proporcionar a desejada melhora para seus problemas cardíacos. Pessoas do seu círculo aconselharam então o recurso a curandeiros, e ele decidiu experimentar os talentos de Evguênia Davitachvili, mais conhecida como Djuna. Muitos *apparatchiks** de alto nível e artistas se entregavam aos cuidados dessa que ficaria conhecida em Moscou como a "conselheira magnética" do secretário-geral.

---

* Funcionários remunerados do Partido Comunista da URSS ou dos governos por ele formados: agentes do "aparato" governamental. (N. T.)

Num sistema totalitário, a saúde do presidente é mais uma questão de Estado que nos países democráticos; os serviços secretos a mantêm sob especial vigilância. Apesar da reputação lisonjeira de Djuna, portanto, eles se sentiram na obrigação de estudar seu caso, e ela foi submetida ao exame de pesquisadores do Instituto de Radiotécnica e Radioeletrônica da Academia de Ciências da URSS. Mas não se encontrou nenhuma explicação científica dos dons de Djuna. Os pesquisadores só conseguiram estabelecer de maneira incontestável que o seu "poder de cura" estava ligado à energia das mãos. E assim ela foi autorizada a tratar de Leonid Brejnev.

O método de Djuna não consistia em massagear os pacientes, mas em passar lentamente as mãos sobre seu corpo durante certo tempo. Uma relativa melhora do estado de saúde do secretário-geral foi constatada já em 1978. De repente, ele parecia em muito melhor forma, dando mostra de novo vigor. Mas também havia um outro motivo para isto.

Nesse mundo de ponta-cabeça, o emprego de medicamentos se tornaria um fator de influência política. Brejnev estava convencido de que, para preservar a saúde, tinha de dormir pelo menos nove horas por dia. Para isto, começou recorrendo pesadamente a barbitúricos. Um colaborador recomendou que os ingerisse com vodca... a pretexto de que assim seriam mais bem assimilados! Remédios de efeitos cada vez mais fortes se sucederam nessa bacanal terapêutica.

O KGB decidiu então montar um "posto médico" junto dele, para conter as ingestões abusivas. No início, a missão era compartilhada por duas enfermeiras, até que uma delas eliminou a outra. Bela morena dos seus 40 anos, Nina Korovikova não sairia mais do lado do secretário-geral do PCUS. Essa ligação, naturalmente, mudou a vida da jovem. Foi o que ela constatou já nos dias seguintes ao primeiro encontro. Um alfaiate a visitou para escolha de tecidos e para tomar suas medidas. No dia seguinte, voltou para a prova, e em prazo brevíssimo Nina dispunha de um novo guarda-roupa. Ao secretário-geral foi levado um catálogo de presentes para que a nova enfermeira pudesse escolher pessoalmente, na enorme variedade de artigos luxuosos. Naturalmente, tudo às custas da viúva, ou seja, do povo...

Brejnev sempre a esperava impaciente no salão de repouso ao lado do seu gabinete no Comitê Central. Se o gabinete, forrado de seda clara e ornamentado com os retratos de Marx e Lenin, tinha um aspecto impessoal, o salão de descanso era mais acolhedor. Nina Korovikova deslizava suavemente para a grande peça de poltronas profundas e cortinas de veludo, fortemente iluminada. Tirava o sobretudo e o chapéu, sacudindo a densa cabeleira de reflexos dourados.

Como revelou o médico pessoal de Brejnev, Mikhail Kossirev, Nina não moderou o consumo de medicamentos do paciente: "Quando comecei a cuidar dele", conta o médico, "Brejnev já estava sobrecarregado de antidepressivos; na linguagem científica, chama-se dependência medicamentosa. Na linguagem comum, estamos falando de um drogado!"

Aos poucos, a bela Nina se tornou insubstituível, cuidando de tudo: da agenda e das massagens, das injeções e da alta estratégia.

A participação de Brejnev em eventos oficiais era cada vez mais rocambolesca, e o KGB tinha a maior dificuldade de encontrar um momento de lucidez para apresentá-lo em público. (Mais tarde, o protocolo governamental teria os mesmos problemas com Bóris Yeltsin.)

O ano de 1975 foi particularmente dramático. "No dia 19 de julho, durante sua visita a Varsóvia", relatava o dirigente polonês da época, Gierek, "Brejnev se revelou completamente incoerente, tomando-se por um maestro regendo e cantando a *Internacional*."

Em 1977, ao chegar a Paris, Brejnev disse amavelmente ao presidente Giscard d'Estaing: "Praga decididamente é uma cidade admirável!" O tradutor corrigiu, imperturbável: "Paris decididamente é uma cidade admirável."

Lembro-me da dificuldade que o presidente da URSS tinha para balbuciar algumas palavras em público. O ministro de Relações Exteriores, Gromyko, muitas vezes teve de conceder entrevistas no seu lugar. Para contornar a situação, textos datilografados em letras grandes eram enfiados em sua camisa, devidamente aprovados pelo Birô Político e com cópia entregue ao intérprete uma hora antes.

Depois de sua visita à França, em 1977, o presidente aumentou as doses com a ajuda de Nina, que conseguia os remédios com a cumplicidade de Tsiniev, o número dois do KGB e amigo íntimo de Brejnev.*

---

* Entrevista com Alexandre Iakovlev, ex-número 2 da URSS na época de Gorbachev, a 20 de agosto de 1991.

Terem do Palácio do Kremilin, lugar privilegiado das czarinas.

Pedro I por Jean-Marc Nattier.

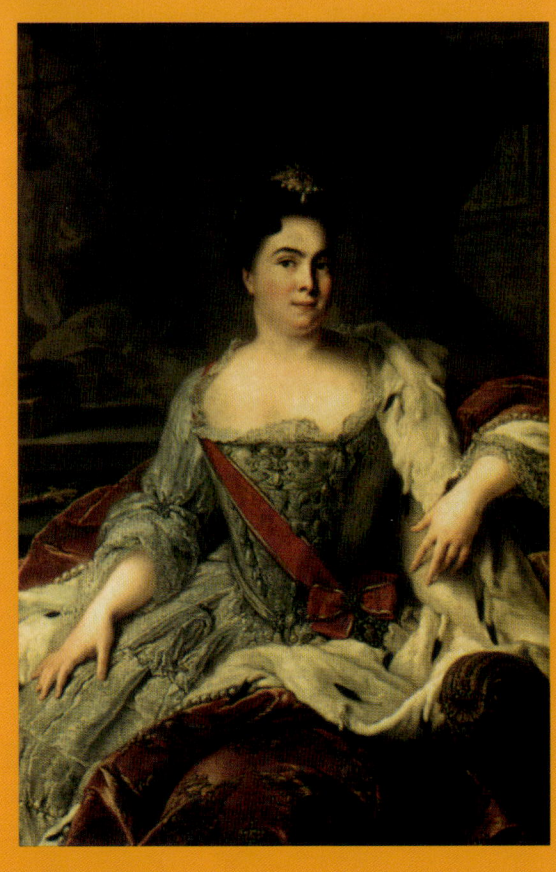

Catarina I por Jean-Marc Nattier.

A imperatriz Catarina II por Louise Revon, museu de Belas Artes de Krasnodar.

Retrato da imperatriz Elizabeth Petrovna, museu Ostankino, Moscou.

Ivan, o Terrível e seu filho Ivan, 16 de novembro de 1581. Ilia Rapin, 1885.

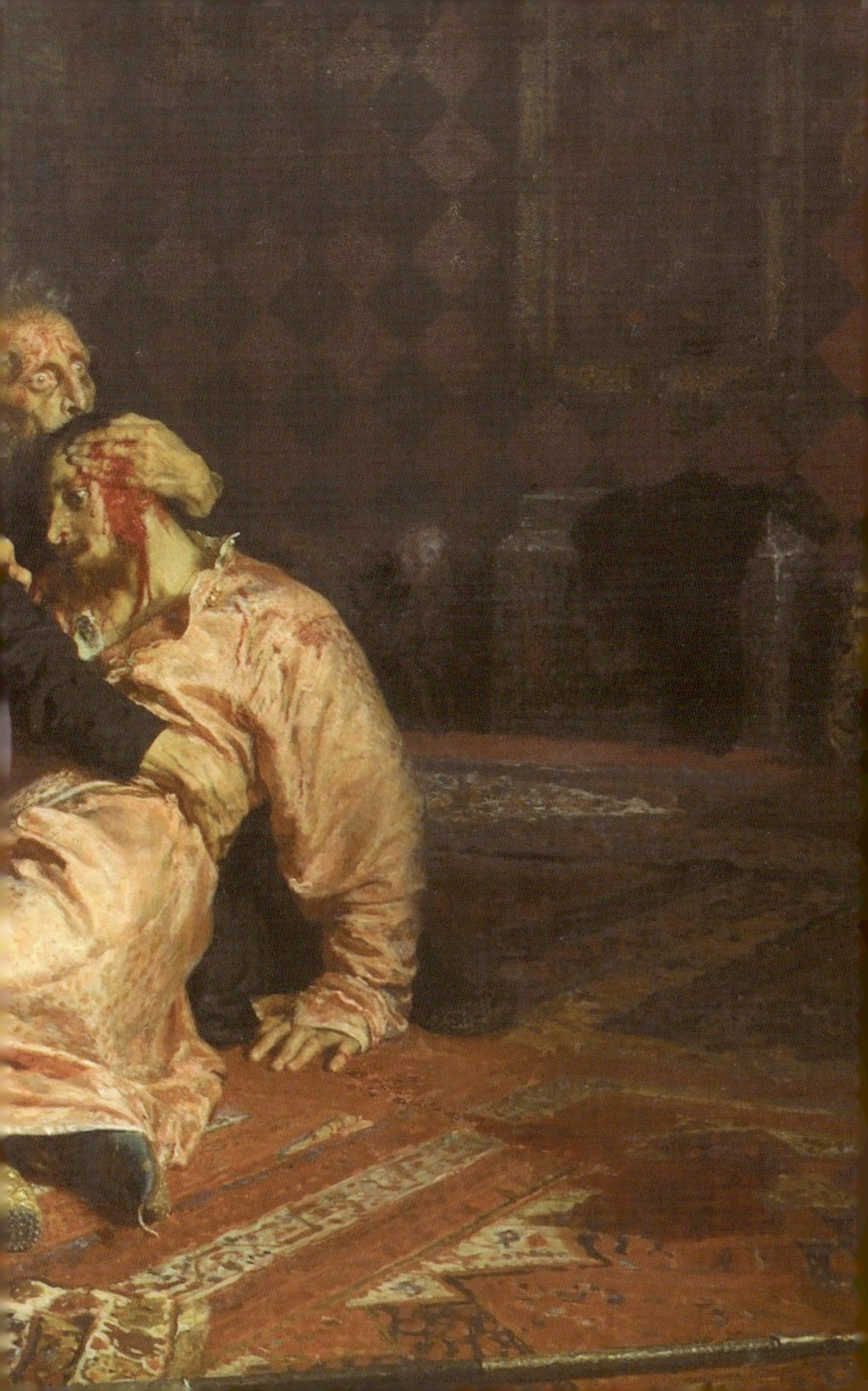

Maria Feodorovna por Lampi.

Festa de Ivan, o Terrível. *Crônicas russas.*

ABAIXO
Alexandre II por Nsvertckov.

Alexandra Feodorovna.

• • •

Mais uma vez, a vida no Kremlin oscilava entre a ópera bufa e a tragédia. Quando queria ver o marido, Nina aumentava as doses do paciente, que caía no sono. (Graças à influência da mulher, esse obscuro capitão da guarda de fronteira fez uma carreira fulgurante, chegando a general em poucos anos.)

Mas o KGB faria o possível e o impossível para afastar essa Mata Hari da droga! Tentou-se conversar a respeito com a mulher do presidente. Em vão. Viktoria não queria complicações com o marido. Yuri Andropov, o presidente do KGB, sondou cuidadosamente o terreno num encontro a sós com Brejnev. De nada adiantou. O czar vermelho foi curto e grosso: "Yuri, ninguém tem nada a ver com isso..." Andropov não insistiu, sabendo que uma última tentativa podia acabar mal. Foi o que aconteceu com seu colega Polianski, do Birô Político, que depois de uma noite de caçada regada a álcool manifestou sua contrariedade de ver Nina interferindo em questões de alta política. No dia seguinte, foi exilado na função de embaixador em Tóquio.

O KGB teve então de reconhecer o inevitável e protelar. Os guarda-costas de Brejnev adulteravam a vodca, diluindo-a em água, e foram encomendados placebos aos grandes laboratórios farmacêuticos ocidentais. Já perdendo a paciência, o KGB montou uma operação para separar Brejnev de sua enfermeira favorita: após a morte do marido num misterioso acidente automobilístico, Nina ganhou uma respeitável aposentadoria...

No início de 1982, meses antes da morte do czar vermelho, houve uma última conversa entre a jovem e seu protetor.

Habitualmente cinzenta, Moscou estava coberta de um tapete branco imaculado. Apesar do frio, muita gente circulava pelas ruas, até as sorveterias estavam abertas. Brejnev saiu com dificuldade do carro para ir ao seu gabinete no Comitê Central. Nina o esperava na entrada do prédio. Avisado pelos guarda-costas do presidente, Andropov chegou no exato momento em que os dois se cumprimentavam e praticamente se interpôs entre eles para impedir que a conversa se prolongasse. Aconteceu tudo em questão de segundos. Dessa vez, Brejnev, já muito caído, não foi capaz de se opor à vontade do chefe do KGB.

Assim chegava ao fim a carreira da mulher que compartilhou *de facto* o peso do poder supremo na URSS, nos últimos anos brejnevianos. Nina ainda viveria muito tempo em seu luxuoso apartamento do bairro moscovita de Krilatskoie, se esquivando sistematicamente de perguntas sobre seu verdadeiro papel político.

A imperatriz da Perestroika

Nunca a mulher de um dirigente supremo da URSS se viu tão brutalmente envolvida nas vicissitudes do poder. Não que faltassem conspirações ou tentativas de golpe desde a Revolução de Outubro, mas até então as mulheres eram mantidas à parte. Tanto que o lema dos membros do Birô Político na relação com suas mulheres era claro: "Quanto menos você souber, melhor..."

Raíssa Gorbachev, pelo contrário, sempre esteve estreitamente associada à carreira do marido, a tal ponto que os radicais do Partido armaram uma campanha de difamação. Sua pretensão de participar das decisões políticas lhe valeu inimizades ferozes.

Ao atribuir um lugar predominante à mulher, o último presidente soviético restabelecia uma tradição do século XVIII. A iniciativa foi até um dos motivos do seu desentendimento com Bóris Yeltsin, que denunciou esse ativismo feminino perante o Comitê Central do PCUS em 1987.

Na época, a população não apreciava nem um pouco a presença dessa "ocidentalista" junto ao chefe de Estado, e a rejeição partia tanto dos homens quanto das mulheres.

Quem era, na realidade, essa czarina dos tempos modernos? Raíssa tinha fama de autoritária, exigente, muito apegada aos prazeres e delícias do poder. Ela foi a verdadeira conselheira política do marido, sua assessora onipotente.

Raíssa e Mikhail Gorbachev pretendiam realmente destruir o sistema totalitário ou seriam apenas aprendizes de feiticeiro querendo melhorar a ordem existente?

Seja como for, o papel pessoal da imperatriz da Perestroika foi determinante na transformação da mentalidade da opinião pública, abrindo a porta para uma evolução, na Rússia, que muitos consideravam irreversível.

Gorbachev e Raíssa proclamavam valores intrinsecamente femininos. Queriam liderar consensualmente, pelo debate organizado e por decisões arbitradas, pretendendo assim mudar o temperamento violento dos governantes russos. Essa atitude nos remete à reflexão de Anatole Leroy-Beaulieu, que dizia em seu livro *O Império dos czares*: "Não é raro encontrar entre o homem e a mulher eslavos uma espécie de troca ou interferência mútua de qualidades ou faculdades. Se nos homens se critica eventualmente algo de feminino, vale dizer, flexível, móvel, dúctil ou excessivamente impressionável, as mulheres, em comparação, têm em seu temperamento e na mente algo de forte, enérgico e, numa palavra, viril, que, longe de comprometer sua graça e seu encanto, lhes vale muitas vezes uma singular e irresistível autoridade."

Raíssa aproximou o marido de métodos nitidamente mais modernos e menos misóginos que os que caracterizavam o espírito russo há séculos. Em sua vida privada, mas também em público, o casal primava pela aceitação das diferenças, ignorando as relações dominante-dominado.

O romance entre os dois começou no início dos anos 50. Gorbachev estudava direito e Raíssa, filosofia, na Universidade de Moscou.

Difícil imaginar temperamentos mais opostos. Mikhail, com seu sorriso fácil e seus gestos espontâneos, era um autêntico meridional. Crescera no campo, numa austera família de camponeses de Stavropol. Apesar de sonhar apaixonadamente com o amor, não se sentia à vontade com as conversas libertinas dos colegas de universidade.

Mais reservada, Raíssa vinha da Sibéria, onde o pai era ferroviário.

No grêmio estudantil, Mikhail já notara várias vezes a mocinha de estatura baixa, sempre vestida com esmero. Não conseguia desviar o olhar das gotas de neve derretida que brilhavam em seus longos cílios. Na biblioteca, com um livro no colo, ela inclinava a curiosa cabecinha, oferecendo ao olhar do admirador a nuca fina, até a curva nascente dos ombros.

Bela, inteligente e cultivada, Raíssa era muito popular entre os estudantes; Mikhail teve de brigar por espaço entre os pretendentes até conseguir se aproximar. Por trás dos ares de menina difícil, a cinderela de Moscou não tinha nada de intelectual afetada. Mas distribuía opiniões cortantes sobre tudo.

E foi, naturalmente, amor à primeira vista, como diria Gorbachev mais tarde: "Bastou ver aquela garota, e não pararam mais os tormentos e delícias."

Se fazendo de indiferente à corte insistente do rapaz, Raíssa assumiu o comando desde o início. Eles se encontravam com frequência, no grêmio ou no alojamento, na rua Strominka. Ela parecia uma dama com sua blusa colorida e os sapatos modestos, mas pelo contorno do joelho e da panturrilha era mesmo uma mocinha. Discretamente, ele a observava reclinando a cabeça pequena e redonda, e fixava o olhar na ponta dos seios delineada por baixo do tecido fino da blusa. Ante a aparente frieza de Raíssa, não podia pousar a mão em seu joelho ou passar o braço pelo ombro, muito menos beijar seus lábios entreabertos. Não surpreende que o relacionamento logo enfrentasse uma crise.

Foi em pleno inverno, quando uma neve fina caíra, cobrindo de açúcar *glacé* a lama gelada das calçadas moscovitas. Raíssa e Mikhail iam para o alojamento universitário. Ela se mantinha calada. Contrariada, limitava-se a responder com monossílabos, até declarar em tom autoritário: "Temos de parar de nos encontrar. Eu sofri muito com o rompimento com outro homem. É melhor acabar antes que seja tarde."

Mikhail achou que ia desmaiar. Desde que a conhecera, não podia mais imaginar a vida sem ela. Continuou caminhando, então, sem dizer nada.

— Não podemos mais nos ver — repetia ela secamente.

— Eu irei esperar — limitou-se ele a responder.

À noite, ele praticamente não dormiu, repassando mentalmente a cena que acabava de viver. No dia seguinte, a cidade foi castigada por uma tempestade de neve, as casas vistas pelas janelas ficavam azuladas. Uma força irresistível levou Mikhail a buscar o lugar habitual dos encontros dos dois, uma praça em frente à universidade. Paralisado por profunda desorientação, ele não viu Raíssa imediatamente, esguia e delicada, as mãos nos bolsos, fixando nele um olhar decidido. A partir dali, os dois não se separariam mais.

Flanando nas avenidas de Moscou, os namorados trocaram seus pensamentos mais secretos. Falavam de tudo, da infância, das primeiras inquietações, do último livro que tinham lido ou da peça que acabavam de ver, mas praticamente nunca de política: Stalin ainda reinava na época e a prudência mandava guardar silêncio — um quinto dos soviéticos trabalhava para a polícia secreta.

Numa noite quente de junho, sob um céu encoberto semeado de estrelas sem brilho, o casal se demorou numa conversa amorosa até o alvorecer, no pequeno jardim junto ao alojamento dos estudantes.

Um ano depois se casariam. Algum tempo antes, Mikhail conseguira um trabalho sazonal para poder comprar seu primeiro terno e um vestido para a noiva. Mas Raíssa teve de pedir sapatos brancos emprestados para a cerimônia.

Os dois agora eram inseparáveis. Os primeiros anos de casamento foram difíceis. Eles não tinham recursos sequer para alugar um quarto em casa de família. E os dormitórios de estudantes não eram mistos...

Nessa época, Raíssa e Mikhail tinham uma vontade enorme de encontrar seu caminho na vida. Raíssa vivera anos de muita dificuldade na infância. Ela mesma conta: "No início da década de 1930, os membros da minha família eram considerados *kulaks*.* Tiveram suas terras e casas confiscadas. Meu avô foi acusado de trotskismo, foi preso e desapareceu, nunca mais tivemos notícias dele. Minha avó morreu de fome e tristeza, pois era casada com um 'inimigo do povo'. Minha mãe era empregada doméstica. A família toda seguia o meu pai, empregado da ferrovia. Moramos nos mais diversos tipos de 'casas', hangares, cabanas..."

Em 1955, tendo concluído os estudos, os Gorbachev foram para o sul da Rússia. Para ter êxito na União Soviética, havia dois caminhos principais: o KGB e o Partido. Raíssa se mostrava reticente quanto ao primeiro, pois sua família sofrera com o flagelo da polícia política. Insistiu então para que o marido voltasse a Stavropol, sua terra natal. Lá, Gorbachev tornou-se um *apparatchik* da juventude comunista, e depois do Partido.

Mas nem por isto a vida dos dois se tornou menos dura: apartamento comunitário, a mediocridade do meio de funcionários comunistas e às vezes férias junto à família de Mikhail.

---

* Camponeses relativamente abastados que, em virtude de leis anteriores, ainda empregavam assalariados em suas terras nos primeiros tempos da revolução soviética. (N. T.)

Raíssa não foi bem aceita pela família do marido: na visita para conhecer a sogra, a recepção foi fria. E a relação entre as duas não melhoraria com o passar dos anos; o voluntarismo de Raíssa não facilitava as coisas.

O interior da Rússia era quase sempre o mesmo: ar frio e cortante, casinhas primitivas com telhados pontudos aglomeradas junto a uma ponte, o barulho de um rio de águas verdes e leitosas; no centro de cada aldeia, a incontornável casa do presidente do *kolkhoze*,* com sua bandeira vermelha desbotada tremulando no telhado e o retrato de Stalin, mais tarde substituído pelo de Kruschev.

Gorbachev avançou rápido na carreira. Inicialmente simples *komsomol*,** tornou-se em apenas dez anos secretário federal da importante região agrícola de Stavropol, dirigindo a província com mão de ferro. A essa altura, Raíssa não duvidava mais do seu destino: "Farei de Michka um czar", teria dito.

Na época, a sorte estava a seu lado. Havia na região uma estação balneária conhecida pelas águas ferruginosas. Era frequentada por personagens de primeiro plano da política soviética, especialmente Yuri Andropov, o onipotente chefe do KGB.

O primeiro contato com esse influente padrinho remonta ao mês de abril de 1969.

Raíssa sabia criar um clima propício para esse tipo de encontro. Introduziu no balneário de luxo a moda dos buquês de flores exuberantes do Cáucaso, dispôs sobre as mesas cestos de frutas e vinhos perfumados da região, além de pequenas lembranças locais. A senhora Gorbachev também serviu de guia a Andropov e sua esposa. Depois de se informar sobre a história da região, ela gostava de citar os grandes autores russos que se interessavam pelo Cáucaso.

O Cáucaso era uma viagem obrigatória dos românticos no século XIX. Raíssa falava das viagens de iniciação de Púchkin, Tolstói, Lermontov e Alexandre Dumas.

Nessas noites, Gorbachev e Andropov discutiam a necessidade de reformas para "aperfeiçoar" o sistema. (O chefe do KGB não foi o único dentre os personagens mais importantes do regime e voltar sua

---

* Cooperativa de produção agrícola. (N. T.)

** Membro da juventude comunista. (N.T.)

atenção para o casal: foi o caso também de Suslov, ideólogo do Partido.) Eles não se questionavam quanto à moralidade ou a legitimidade do bolchevismo fossilizado, mas sobre sua fragilidade e decadência, buscando meios de conferir novo vigor ao regime.

Os Gorbachev agora iam de vento em popa. Com frequência cada vez maior faziam parte das delegações oficiais enviadas ao exterior. Assim, a 9 de setembro de 1977, um trem conduzia o casal de Moscou a Paris, a convite do Partido Comunista Francês.

Mikhail e Raíssa se hospedaram em Bazainville, subúrbio parisiense, na antiga residência do falecido líder do PC, Maurice Thorez. Um programa turístico clássico foi oferecido à delegação: Versalhes, o Louvre, o Museu Rodin e o Centro Pompidou, que acabava de ser inaugurado. Em seguida, eles passaram duas semanas em Cannes e visitaram a região mediterrânea.

Os comunistas franceses já tinham notado uma certa originalidade nas declarações daquele *apparatchik* diferente. E apreciando a vista da capital francesa da esplanada do Trocadero, o futuro presidente da URSS soltou um pouco demais a língua em conversa com Pierre Juquin, jovem membro do Birô Político do PCF que lhes servia de guia: "Vocês têm toda razão de não querer fazer como nós..."

Essa viagem reforçou o interesse do casal Gorbachev pelo Ocidente.

No ano seguinte, seu poderoso protetor, Andropov, instalou o jovem protegido no cargo de secretário do Comitê Central do PCUS para a agricultura.

Agora os Gorbachev faziam parte da mais alta *nomenklatura* soviética.

O casal se transferiu então para Moscou, seu estilo vida mudou. Os dois passaram a desfrutar dos privilégios ligados à função: "cantinas" luxuosas, seções exclusivas nas grandes lojas, "rações do Kremlin", consistindo em gêneros de primeira qualidade pela metade do preço, roupas e presentes por encomenda, residência oficial, *datcha*, empregados domésticos, hospitais especiais, locais de veraneio etc. Para não falar das limusines, sendo a mais disputada a enorme Zil negra, semelhante aos grandes carros de luxo americanos da década de 50.

Raíssa parecia ter chegado ao topo. Mas na verdade sua posição era subalterna, pois o marido era o mais jovem dos grandes boiardos moscovitas. Essa condição de subordinada feria os brios de uma mulher de temperamento.

O próprio Gorbachev reconhece em suas *Memórias*: "Na verdade, ela nunca encontrou seu lugar no grupo das 'esposas do Kremlin' e não se tornou amiga íntima de nenhuma delas. Essas reuniões femininas a marcaram particularmente pelo clima de arrogância, desconfiança, servilismo e desconsideração."

À parte algumas nuances, esse mundo das "senhoras" refletia a hierarquia dos maridos. A 8 de março de 1979, Raíssa participou de uma recepção oficial como esposa do secretário do Comitê Central recém-entronizado. Normalmente as mulheres dos dirigentes se perfilavam na entrada do salão para receber os convidados estrangeiros. Raíssa se posicionou distraidamente, sem observar a devida precedência. Ante esse grave desrespeito ao protocolo do Kremlin, a sra. Kirilenko (mulher de um membro influente da alta direção soviética, o número 3 na época de Brejnev) apontou grosseiramente para ela, interpelando:

— Seu lugar é lá, no fim da fila!

Podemos imaginar facilmente o que Raíssa previu secretamente para o futuro da outra...

Ela jamais se referiu à raiva que deve ter sentido no episódio. Não era dessas mulheres que dão com a língua nos dentes, reclamando ou choramingando. O casal Gorbachev aguardaria o momento propício para acertar as contas, e esse momento não demoraria: enquanto Mikhail se tornava o número 1 do país, os Kirilenko logo cairiam em desgraça.

No momento, era preciso fingir observar as regras do jogo.

Raíssa podia às vezes sentir falta do sol de Stavropol, onde era a esposa onipotente do homem forte da região. Embora formalmente o marido avançasse na carreira, sua influência em Moscou era paradoxalmente reduzida. E assim, durante todos esses anos, eles não tiveram a possibilidade de encontrar seu protetor Andropov em caráter privado.

No fim de 1980, a nomeação de Gorbachev para o cargo superior de membro do Birô Político veio acompanhada de uma nova e luxuosa *datcha*, vizinha da que era ocupada por Andropov. Ao chegar o verão, Mikhail telefonou ao padrinho para convidá-lo a almoçar com amigos de Stavropol.

— Como nos bons velhos tempos — disse.

— Claro — respondeu Andropov —, bons tempos mesmo. Mas hoje, Mikhail, não posso aceitar o convite.

— Mas por quê?

— Porque amanhã mesmo vão começar a fofocar. Para quê? Sobre o que conversamos? Antes de nos despedirmos já estarão fazendo um relatório para Brejnev. Se digo isto, Mikhail, é, antes de mais nada, no seu interesse.

Mas Andropov continuou apoiando Gorbachev, sobretudo quando sucedeu a Brejnev em 1982. Não teve tempo, contudo, de conduzir ao topo o seu protegido, o caçula do Birô Político. Pois quinze meses depois da morte de Brejnev, a União Soviética já enterrava o novo secretário-geral.

Durante o funeral de Andropov, só os Gorbachev, dentre os dirigentes do país, se aproximaram da viúva. O gesto de amizade deixou claro a que ponto o casal fora próximo do protetor. E por sinal Andropov fizera saber a Raíssa, por meio de sua mulher, que desejava que Mikhail o sucedesse.

Mas os velhos bonzos do Kremlin não pensavam da mesma forma. Ao fim de quatro dias de deliberações, a secretaria geral foi entregue a Constantin Chernenko, 73 anos, companheiro de farras e primeiro cortesão de Brejnev, conhecido como o "abridor de garrafas". O presidente americano Ronald Reagan tinha constatado, perplexo, que os dirigentes soviéticos "não paravam de morrer". Com efeito, Chernenko também se foi, apenas treze meses depois de chegar ao poder. Agora não havia mais alternativa.

O casal Gorbachev foi projetado então às luzes da ribalta.

Tempos de glória

Aquela noite de 10 de março de 1985 foi bem longa. Raíssa não dormiu até a chegada do marido, por volta de quatro horas da manhã. A sra. Gorbachev viu uma longa fileira de carros parar na frente de casa. Percebendo que a guarda do marido fora reforçada, ela entendeu tudo. E de fato Gorbachev acabava de ser eleito número 1 da União Soviética, por proposta do ministro de Relações Exteriores, Gromyko, que o apresentou como "um homem de sorriso afável mas dentes de ferro".

Nessa noite, Mikhail e Raíssa ainda conversaram, apesar do cansaço. Essa conversa foi o prelúdio da elaboração da estratégia da Perestroika. Raíssa e Mikhail a resumiram numa frase: "Não se pode mais viver assim..."

Mikhail foi oficialmente eleito secretário-geral do PCUS a 11 de março de 1985. Raíssa finalmente era czarina.

Na verdade, ela jamais duvidara da sua boa estrela. Há muito tempo se preparara para ser a primeira-dama do país, se informando sobre a organização das forças de proteção e da guarda; o pessoal de serviço, o seu contingente, os cozinheiros e mordomos, as arrumadeiras e até os jardineiros do Kremlin.

E teve início um período estranho, no qual tudo pareceria incerto.

A partir daquele momento, a czarina contribuiria de maneira decisiva para a escolha dos principais colaboradores do marido, em particular entregando o Ministério de Relações Exteriores a um amigo de ambos, Chevardnadze, que dirigia a república da Geórgia, vizinha de Stavropol. A opinião de Raíssa seria sempre decisiva para Gorbachev. Os depoimentos são unânimes: ele sempre se aconselhava com a mulher. No contexto misógino da época, era uma atitude audaciosa.

No período de 1985-1986 se deu uma real aproximação entre a czarina e o principal teórico da Perestroika, Alexandre Iakovlev, trazido do Canadá por Gorbachev, quando de sua viagem ao país em 1983.

Iakovlev era um homem à parte, exilado há dez anos como embaixador em Ottawa por ter denunciado a influência dos nacionalistas russos de extrema direita quando dirigia a propaganda oficial. Raíssa o estimulou a formar uma rede de grandes cabeças, gente que detinha informações importantes. E Alexandre Iakovlev, por sua vez, propôs a Gorbachev que nomeasse sua protetora para o cargo oficial de presidenta do Fundo Soviético de Cultura. Embora tenha recusado o convite, Raíssa não deixou de estimular ativamente essa fundação de prestígio. O próprio Gorbachev reconheceria que, graças à rede de contatos fomentada pela mulher, dispunha de preciosas informações sobre a situação no exterior, fora dos circuitos controlados pelo KGB. Ela fez chegar ao marido, por exemplo, informações objetivas sobre o inevitável processo de reunificação alemã, às vésperas da queda do muro de Berlim, em novembro de 1989.

Alexandre Iakovlev me contou que muitas vezes trabalhava nos discursos do presidente ao lado de Mikhail e Raíssa. E acrescentou que ela sempre tinha a última palavra.* Não é por acaso que, em suas *Memórias*, Gorbachev qualifica a esposa de "principal conselheira voluntária".

Ele não suportava que se fizesse a respeito dela o menor comentário desabonador. Em 1987, um apresentador da rede americana NBC perguntou a Gorbachev durante uma entrevista:

— Ao voltar para casa à noite, o senhor conversa sobre política interna ou seus problemas políticos?

— Nós falamos de tudo — respondeu Gorbachev.

O jornalista insistiu:

— Inclusive das questões soviéticas mais confidenciais?

— Nós falamos de tudo — repetiu Gorbachev.

Na URSS só foram divulgadas pela imprensa a primeira pergunta e sua resposta.

Essa excepcional proximidade causou polêmica no país, e os radicais do Partido denunciaram as tentativas de ingerência da conselheira política nas questões de Estado. Para desacreditá-la, começou a correr um boato sobre suas supostas aventuras amorosas. Indiferente à campanha, Raíssa seguiu seu caminho, enfrentando ventos e marés.

Os Gorbachev já estavam casados há trinta e um anos. Naturalmente, a suprema investidura mudou sua vida cotidiana. Eles agora contavam com várias novas *dátchi*. Uma grande reforma foi feita em sua residência principal, a *datcha* de Razdori. Foram construídos uma casa para a guarda, uma central estratégica de comunicação, um heliporto e um local para os veículos e equipamentos especiais. O prédio principal foi adaptado para eventualmente abrigar conferências e reuniões secretas. Um compartimento também foi destinado ao pessoal médico.

A nova czarina tinha uma curiosa maneira de selecionar os empregados domésticos, que faziam parte, naturalmente, da nona diretoria do KGB, encarregada da proteção da alta *nomenklatura*. Ela pedia fotos dos candidatos e os escolhia pelo seu aspecto. Não gostava de pessoas gordas e os cozinheiros do sexo masculino eram automaticamente rejeitados (mas Raíssa os aceitava nas viagens ao

---

* Entrevista com o autor, 20 de agosto de 1991.

exterior). As três cozinheiras, três camareiras e três garçonetes postas à sua disposição eram todas magras, portanto. Tinham a missão de cuidar não só da czarina mas também da sua filha e das duas netas. Ao menor erro, podiam ser impiedosamente demitidas. Uma camareira teve um dia a audácia de ralhar com a neta mais velha: foi imediatamente dispensada.

Os menores detalhes da vida cotidiana do secretário-geral eram resolvidos pela mulher; a decoração, as saídas e, naturalmente, as roupas que usava. Como vinham do exterior, os ternos de Mikhail muitas vezes precisavam de ajustes. Às vezes eram mais difíceis do que mandar fazer um outro sob medida. Ele se prestava a essas intermináveis sessões sem reclamar, sob o olhar vigilante da mulher.

Já nos primeiros dias do seu reinado a czarina alimentou a ambição de conquistar o Ocidente. Seu terreno de predileção, assim, eram as viagens ao exterior. Nelas, procurava reconstituir à sua maneira o ambiente dos salões literários do século XVIII. Raíssa escolhia pessoalmente os membros do séquito de honra e se cercava de cientistas, escritores, pintores e atores. Desde a juventude universitária, o casal se sentia atraído pela *intelligentsia* e a boemia moscovita. Não dispondo mais de tempo para reunir em casa esses importantes interlocutores, Raíssa abria seu "salão" durante as visitas ao exterior; o clima então era menos formal, permitindo a Gorbachev obter informações objetivas sobre a situação do país. A czarina se preparava cuidadosamente para esses encontros e conhecia todos os convidados. Durante os preparativos para sua primeira viagem oficial à França, em outubro de 1985, ela voltou à sala dos impressionistas do Museu Púchkin de Moscou e releu autores franceses como François Mauriac e Hervé Bazin. Quando a embaixada incluiu na programação da sua visita a fábrica de porcelana de Sèvres, ela se opôs, preferindo o Museu Picasso.

Sempre curiosa, Raíssa se informou com jornalistas de língua francesa sobre as novas tendências da vida parisiense. A czarina também procurou saber como estaria vestida Danielle Mitterrand. Para sua grande contrariedade, seus interlocutores escapavam com evasivas...

Nunca antes os diplomatas russos se haviam desdobrado tanto para atender a uma esposa de dirigente.

Lembro-me da chegada do novo senhor do Kremlin e de sua mulher a Paris. A delegação que os acompanhava era de noventa e sete pessoas, além dos jornalistas. Trinta e quatro funcionários do KGB cuidavam exclusivamente da segurança. Entre eles, o pessoal destacado especificamente para Raíssa: uma camareira, uma guarda-roupeira, dois cozinheiros e dois mordomos, sob a direção do general do KGB. Antes da sua chegada, o Kremlin comunicara à embaixada que a primeira-dama da União Soviética não queria ser acompanhada de muita gente, e sobretudo que preferia "um número restrito de mulheres".

Mas a czarina enlouqueceu os guarda-costas franceses e russos com suas alterações na programação. Passando em frente ao La Closerie des lilas em Montparnasse, um dos restaurantes favoritos dos imigrantes russos, ela mandou parar o Peugeot 604 presidencial e convidou Danielle Mitterrand a tomar um drinque. Como os gorilas ponderassem que não havia como garantir sua segurança no local, ela respondeu secamente: "A gente tem mais segurança onde não é esperado."

Outra inovação da primeira-dama da URSS foi comparecer a desfiles de moda nas casas de alta costura. Ela honrou com sua presença Pierre Cardin, já então bem implantado na União Soviética, e Yves Saint Laurent, cuja *maison* ficava bem em frente ao Hotel Marigny, onde se hospedavam os Gorbachev. Nessa ocasião, comprometeu-se com uma exposição *Yves Saint Laurent* em Moscou e conversou descontraidamente com o grande costureiro.

— Meu perfume favorito é *Opium*, e gosto muito de preto — disse ela ao anfitrião. — Acha que vai continuar na moda?

— Sim, sempre — respondeu o estilista.

— E na próxima estação vai adotar saias curtas?

— Gosto tanto do curto quanto do longo, depende do caso...

— Está querendo dizer que depende das pernas, não é?

— Se quiser...

— Mas quanto uma mulher deve pesar para usar seus modelos?

— É melhor que seja o mais magra possível.

— Então é melhor eu ir saindo!

Raíssa também tinha senso de humor, pois suas medidas podiam perfeitamente corresponder aos modelos do costureiro (como informa Bernard Lecomte): 86-70-89.

Decididamente, a sra. Gorbachev mostrava aos ocidentais que a época dos *terems*, com suas mulheres reclusas, tinha ficado para trás.

A química foi boa entre o casal Gorbachev e o casal Mitterrand, que só não conseguia entender uma coisa: como o sistema comunista podia produzir pessoas tão abertas e sedutoras?

Com o passar dos anos, a relação entre eles assumiria um caráter de verdadeira amizade.

A primeira dama soviética chegou inclusive a pedir conselhos à esposa do presidente francês: "Sou novata na função", disse com um sorriso maroto, em seu elegante conjunto de seda de listras beges e negras. Esse clima à vontade é que talvez tenha levado Raíssa a se entregar a certos caprichos, quase provocando um incidente diplomático. Lembro-me da segunda visita do casal a Paris, no bicentenário da Revolução Francesa: Mitterrand ofereceu a Gorbachev um jantar privado em sua residência da rua de Bièvre. Cansada depois de um dia intenso, a czarina pediu ao marido — com a maior simplicidade — que cancelasse à última hora. Assustado com a perspectiva de ferir o protocolo, Mikhail teve de entabular duras negociações com a mulher para convencê-la a comparecer ao jantar. Havia algo de surrealista na discussão entre os dois, parecendo uma disputa doméstica entre uma mulher rebelde e um marido dócil.

Em outubro de 1991, os Gorbachev foram recebidos em Latché. Como Raíssa gostara do mel servido no café da manhã, Danielle Mitterrand ofereceu como presente algumas colmeias, para sua casa de campo. A czarina ergueu os braços para o céu e se virou para o marido:

— Eu já pedi para abrirmos mão dessas *dátchi* oficiais, para termos nem que seja um pedacinho de terra! Não temos nada nosso realmente — acrescentou, voltando-se para Danielle Mitterrand —, nem sequer um lugar para instalar uma colmeia!

E é verdade que na época, segundo comentário de Andrei Grachev, até os travesseiros que Raíssa costumava levar nas viagens pertenciam ao Estado.

Um episódio entrou para os anais diplomáticos. Durante uma recepção oficial na Espanha, em 1990, o rei Juan Carlos e a rainha Sofia iam se retirar do salão antes dos convidados, como exigia o protocolo. Raíssa continuou conversando, ignorando o fato, enquanto os soberanos e o presidente a esperavam na escada. Depois de um longo silêncio, Mikhail, irritado, exigiu que fosse ao encontro deles. Mas nem assim ela interrompeu a conversa. Um minuto depois, Gorbachev disse com voz forte e glacial:

— Raíssa Maximovna, continuamos esperando!

A czarina finalmente se dignou a se encaminhar para a saída. Mas não hesitaria em repetir a gafe com a sra. Kohl e sobretudo com Nancy Reagan.

Os diplomatas soviéticos conheciam bem esses hábitos, mas suas verdadeiras preocupações começaram nos países dirigidos por mulheres. Desde 1984 havia entre Gorbachev e a sra. Thatcher uma relação baseada em simpatia recíproca. A dama de ferro gostava de repetir:

— Com ele é possível fazer negócios.

Quando Gorbachev foi à Inglaterra em visita oficial, em 1989, Margaret Thatcher planejou uma aparição do número 1 soviético na varanda de sua residência para que os fotógrafos pudessem capturar sua imagem. Qual não foi a surpresa, então, quando viu Raíssa aparecer com os braços cheios de flores. E sem qualquer cerimônia a czarina botou o enorme buquê bem na sua cara. No dia seguinte, assim, os jornais publicavam as fotos mostrando o casal, ao lado da sra. Thatcher com o rosto encoberto pela braçada de flores de Raíssa.

Uma outra foto — dessa vez num tabloide popular — mostrava a sra. Gorbachev descendo de um Rolls-Royce recoberto com as cores soviéticas, trajando um vestido de cetim branco e com sapatos dourados. A foto (mostrando apenas suas pernas) acabou causando a desgraça do embaixador da URSS em Londres. Furiosa, Raíssa entrou sem bater no gabinete do embaixador, onde estava o seu marido: "Esses seus diplomatas, Mikhail Sergueievich, não estão nem aí para a imagem da sua família!", disse ela, dando meia-volta e se retirando...

Em 1989, Raíssa acompanhou o marido numa viagem à Itália. Dessa vez, usava roupas de cores tão sóbrias que os jornais locais a batizaram de "Raíssa, a simples". Mas apesar disso não hesitou em aparecer no Vaticano com um *tailleur* vermelho vivo para a entrevista com o papa João Paulo II, em vez da habitual roupa preta das audiências privadas.

No seu país, em compensação, Raíssa se fazia notar menos. Foi o que Nancy Reagan percebeu na primeira reunião de cúpula Reagan-Gorbachev: "Ela estava vestida com severidade — saia preta, blusa branca e gravata preta. Fiquei me perguntando por quê. Não coadunava com os seus hábitos, com o que ela costumava vestir, nem com o seu estilo. Fiquei sabendo mais tarde que era o uniforme padrão dos professores soviéticos e que Raíssa estava com aquela roupa que a fazia parecer uma guarda de prisão unicamente porque seria a única foto sua na cúpula de Genebra a ser vista no seu país."

As conversas entre a sra. Reagan e a sra. Gorbachev muitas vezes se transformavam em teste de força. Ambas queriam impor o assunto a ser tratado. Se Nancy Reagan tentava abordar os problemas da droga, da criminalidade ou da infância maltratada, Raíssa entrava com os defeitos do sistema político americano. Quando ela disse que os Estados Unidos nunca tiveram uma guerra em seu próprio território, Nancy respondeu lembrando-a da Guerra de Secessão. Na época, a primeira-dama dos Estados Unidos ainda não havia superado o trauma de uma operação cirúrgica e da morte recente de sua mãe. Com toda evidência, não estava na sua melhor forma. Nancy pensou até que Raíssa se aproveitava da sua fragilidade. "Os soviéticos sabem de tudo. E portanto não posso imaginar que ela ignorasse as dificuldades que eu havia enfrentado semanas antes", se queixaria Nancy mais tarde. "Será que eu estava hiperemotiva? Não creio." Quando Nancy a acompanhou numa visita à Casa Branca, Raíssa a bombardeou com perguntas:

— Aquele candelabro é do século XVIII? Jefferson viveu aqui mesmo? A propósito, em que ano a Casa Branca foi construída?

Perguntaram a Raíssa se gostaria de viver na Casa Branca. Alguns americanos não gostaram nada da resposta:

— É uma residência oficial. Em termos humanos, acho mais agradável morar numa casa de tamanho normal.

Nancy viria a responder em suas *Memórias*: "Não era uma resposta muito elegante, sobretudo da parte de alguém que nunca tinha visitado a ala privada."

"Mas o que vocês queriam?", justificou Gorbachev, pérfido, tentando desculpar a mulher. "Raíssa é uma filósofa, a sra. Reagan é uma atriz..."

Raíssa se detêve tanto apreciando os móveis da Casa Branca que mal restou tempo para tomar um café com as mulheres dos altos funcionários americanos. "Acabamos deixando Ronnie e Gorbachev esperando um quarto de hora", escreve Nancy. "Quando chegamos, nossos maridos olhavam o relógio de cara amarrada. Mas estavam fingindo. A brincadeira para simular impaciência foi ideia de Ronnie."

Assim que voltava de viagem, a czarina exigia que lhe fossem entregues os videocassetes registrados no país visitado. Todo mundo tinha percebido muito bem que nas cerimônias oficiais ela se postava tranquilamente ao lado de Gorbachev, mas bastava se dar conta da presença de fotógrafos que começava a demonstrar seu dinamismo. Muitas vezes se mostrava insatisfeita com as reportagens que lhe mostravam. Nunca fazia comentários sobre a maneira como ela própria era filmada, mas criticava a maneira como o marido era mostrado. "Eles não filmam Mikhail direito, ele é filmado de costas ou de um ângulo ruim. Vocês não estão escolhendo direito os cinegrafistas? Vejam como os americanos filmam!", dizia ela aos funcionários do KGB incumbidos dos contatos com a imprensa. "Será que não podemos fazer igual?"

Entre 1985 e 1991, a imagem de Gorbachev se deteriorou. Raíssa foi acusada de ser a eminência parda do marido, levando o país à ruína. Mas, no início de agosto de 1991, a mulher do presidente ainda acreditava na sua boa estrela, insistindo que Mikhail viajasse de férias para a Crimeia.

Tive várias vezes a oportunidade de visitar a *datcha* de Foros, novo local de veraneio dos Gorbachev. Há gerações os dirigentes supremos da Rússia dão preferência à Crimeia para refazer as energias antes de retomar suas obrigações no Kremlin. Os Gorbachev poderiam simplesmente ter dado continuidade a essa tradição, fazendo uso de uma das *dátchi* de seus ilustres antecessores. Mas a czarina preferiu mandar construir um novo palácio com piso de madeiras raras, paredes de mármore branco, banheiros ricamente equipados e uma piscina dando para o mar.

E no entanto, pela aparência, o lugar nem era assim tão convidativo: um vento terrível castigando as rochas nuas e nenhuma vegetação para alegrar o entorno. Só o mar apresentava algum interesse. Que fazer ali, além de tentar domar a natureza hostil? Para criar uma proteção frente às ressacas, as rochas foram cavadas a dinamite, toneladas de terra foram jogadas nas imediações da casa para plantar árvores aromáticas raras. E um túnel foi aberto e equipado com escadas rolantes para ligar diretamente a *datcha* ao mar.

No segundo andar da imponente construção havia um escritório, quartos e uma sala de jantar para doze pessoas; um terraço, onde Mikhail e sua czarina costumavam tomar chá, dava para o mar. Um outro dominava as rochas, como prolongamento de um *boudoir* onde se via uma esplêndida estátua de mármore representando uma mulher nua (posteriormente Raíssa mandaria retirá-la!). As paredes eram recobertas de madeira. Um friso representando as cidades da Crimeia, em tecido ou pintura, ornamentava as paredes junto ao teto. No piso térreo havia um jardim de inverno. Descendo-se a escada frontal de pedra, um corredor à direita levava à sala de projeções, e outro, à esquerda, para a praia.

A czarina perde o poder

A 18 de agosto de 1991, Mikhail não se sentia bem. Sofrendo terrivelmente com dores lombares, mandou chamar um médico especialista de Moscou, o doutor Anatoli Liev, conhecido por seu dom de cura.

Quase dez dias depois de se afastar da capital, o presidente fora acometido de uma crise lombar durante um passeio pelas colinas. No caminho de volta, precisou se apoiar nos que o acompanhavam.

Na quarta-feira, 14 de agosto, um secretário de Gorbachev telefonou ao doutor Anatoli Liev, pedindo que viajasse imediatamente para Foros. Disciplinado, o médico insistiu em receber uma ordem por escrito. Era a regra. E não se brincava com a disciplina do KGB, sobretudo quando se tratava da saúde do presidente. Mas a ordem não chegava e em Foros já começavam a perder a paciência: "O presidente precisa do senhor!" Liev não entendia por que seus superiores não entravam em contato. Até que finalmente veio um telefonema dos mais curtos: "Pode ir."

Mesmo sem confirmação escrita, o "curandeiro" partiu para a Crimeia. Com algumas massagens e manipulações, conseguiu diminuir as dores do presidente, que logo pôde sentar-se e se levantar. Nada grave, mas um nervo bloqueado é sempre motivo de sofrimento...

Mas o especialista moscovita ficou intrigado com as medidas de segurança particularmente ostensivas em torno da *datcha*. Havia grades atravessadas na estrada, além de veículos blindados. "Achei que era por causa da tensão na Crimeia", diria ele a um paciente que mais tarde reproduziu suas declarações.

O médico também notou a presença incomum de muitos agentes de segurança, e viu ao longe, junto às embarcações habituais da guarda costeira, três navios de guerra da Marinha. Além disso, também se sentia estreitamente vigiado.

Uma segunda consulta foi marcada para domingo, 18 de agosto. Em entendimento com o médico pessoal do presidente, o "mago" encomendou em Moscou remédios que não eram encontrados em Foros. Nesse domingo 18, Gorbachev deitou-se na mesa de massagem e disse a seu "salvador": "Pode fazer o que quiser, me tirar um nervo, uma vértebra, uma perna. Mas amanhã tenho de estar em Moscou!"

Depois de algumas injeções e manipulações, Mikhail acabou dormindo.

Antes disso, ele só conseguia pensar nas batalhas que o esperavam no Kremlin. Pensava nos dias cruciais que preparava há muito tempo e que teriam início a 20 de agosto; os dias posteriores à assinatura do Tratado da União.

Logo antes de deixar a capital, a 5 de agosto, Gorbachev havia confirmado ao país: os dirigentes das repúblicas assinariam com ele um acordo de princípio, permitindo que essa nova União tomasse o lugar das antigas e ultrapassadas estruturas oriundas da revolução.

É verdade que restavam muitas incertezas, mas Gorbachev chegara a um compromisso com Bóris Yeltsin. Depois daquele ano terrível, o 20 de agosto deveria ser uma data-chave na agenda do presidente. Feito refém nas mãos dos conservadores, ele provavelmente esperava livrar-se das limitações que o tolhiam, aceitando pela primeira vez conceder maior margem de manobra às repúblicas.

O tratado ainda não autorizava a confederação desejada pelos reformistas, mas o chefe do Kremlin concordara em reduzir suas prerrogativas em favor das repúblicas periféricas. Embora não pretendesse se sacrificar no altar da União, o fato é que a dinâmica fora desencadeada. E naquele domingo, 18 de agosto de 1991, ele ainda tinha a sensação de estar no comando. Caso contrário, por que teria saído de férias?

Mas Gorbachev não excluía a possibilidade de reações adversas. Ajudado pelo conselheiro Cherniaev e dois secretários, ele redigia há dez dias um artigo de trinta e duas páginas em que contemplava cinco hipóteses diferentes. E uma delas por sinal falava claramente da possibilidade de um golpe de Estado, "a variante do estado de urgência", na qual Gorbachev empregava a palavra "junta". Mas para ele se tratava apenas de algo hipotético: "Seria um impasse, uma regressão social, a morte do país." O emblemático casal da Perestroika estava convencido de deter poder suficiente para desarmar as conspirações e continuar vencendo os obstáculos que enfrentava há seis anos. É a versão oficial. Mas o próprio Gorbachev não estaria pensando também em medidas de exceção? Estava ele apenas na posição de refém dos conservadores ou sentia necessidade de recorrer a *ukazes* radicais para tentar botar o país de novo nos trilhos e impedir a desintegração do império?

Gorbachev e Raíssa não esperavam um golpe de Estado. "A ideia de um golpe nem nos passou pela cabeça." A czarina não acreditava que pessoas nas quais o marido depositara toda confiança pudessem se lançar "numa tal aventura".

Os acontecimentos mostrariam que o presidente e sua conselheira estavam distanciados da realidade e viviam num mundo imaginário, como Nicolau II e Alexandra Feodorovna em outros tempos. Ou então o casal não quis entender o que acontecia, certamente considerando que acabaria por recuperar a situação em proveito próprio... Seja como for, nesse exato momento Raíssa ostentava aparente serenidade. Uma estranha serenidade, sem dúvida.

Eram dez para as cinco quando o anjo guardião de Gorbachev, o general Medvedev, anunciou ao chefe que um pequeno grupo vindo de Moscou exigia ser recebido imediatamente, por motivo urgente. Muitos carros com pisca-piscas de emergência e antenas de rádio, entre eles vários Zils pretos, tinham entrado no terreno da *datcha*. Além dos motoristas, havia muitos guarda-costas. Os assessores de Gorbachev ficaram ainda mais espantados quando viram o chefe de gabinete do presidente, Valeri Boldin, e vários militares, entre eles um general.

Gorbachev também ficou surpreso, embora certamente se lembrasse das advertências de um dos seus conselheiros antes de viajar, temendo o desaparecimento da União e uma iniciativa audaciosa de Yeltsin para desvincular a Rússia do Centro.

— Não estou esperando ninguém — espantou-se o chefe do Kremlin. — Do que se trata?

O comandante da guarda presidencial também não entendia.

— Eles vieram de Moscou, querem falar com o senhor — explicou.

— Mas por que os deixou entrar?

— Porque estão com o chefe do nono departamento do KGB, é a norma.

Alguma coisa não estava clara, e o presidente já entendera. Pegou sucessivamente os fones dos cinco telefones do seu gabinete de trabalho. Em vão. Nenhum funcionava. O líder da maior potência nuclear estava isolado do mundo. O circuito interno também fora desligado. Impossível se comunicar dentro da própria residência. "Era o fim", comentaria Gorbachev, "eu estava completamente isolado."

O que ele ainda não sabia era que o famoso telefone vermelho guardado a sete chaves e que "não se pode nem espanar", e que liga o dirigente do Kremlin ao comandante dos exércitos, não funcionava mais. Os americanos tinham descoberto que os testes sistemáticos realizados de hora em hora haviam sido brutalmente interrompidos. E agora os golpistas já estavam na porta da residência presidencial.

Num piscar de olhos, seus homens armados de metralhadoras tomaram os pontos principais: porta de entrada, garagem, heliporto, onde dois caminhões impediam qualquer decolagem ou aterrissagem. Gorbachev entendeu que a coisa era séria. Decidiu então informar os mais próximos e foi ao encontro de Raíssa em seu quarto.

— Está acontecendo alguma coisa muito grave, terrível — disse, falando da chegada de um grupo de Moscou. — Eu não convidei ninguém. E quando tentei telefonar, todas as linhas estavam desligadas.

A czarina entendeu que o corte das linhas significava, na melhor das hipóteses, isolamento, e, na pior, detenção, e de qualquer forma uma conspiração. Apesar de abalada pela notícia, manteve o sangue frio e respondeu ao marido:

— Aconteça o que acontecer, estou ao seu lado.

O grupo de emissários dos golpistas tinha deixado Moscou no início da tarde, a bordo de um Tupolev 134. O avião pousara na base aérea de Belbek, perto de Sebastopol, depois de sobrevoar sem problemas as pequenas colinas cobertas de bosques da Crimeia. O general Iazov, comandante do Exército Vermelho, mandara pôr um avião militar à disposição da delegação na base militar de Chkalovskaia, a cerca de trinta quilômetros do Kremlin. A decisão de entrar em contato com

Gorbachev fora tomada na manhã do próprio domingo. Cinco homens haviam sido incumbidos de convencer o presidente.

Aquele que Mikhail menos esperava pudesse cumprir essa pérfida missão era sem dúvida Valeri Boldin, seu chefe de gabinete. Homem de confiança de Gorbachev desde 1990 e amigo íntimo de Raíssa, ele era um dos únicos autorizados a entrar em seu gabinete do Kremlin a qualquer momento e sem aviso prévio. Confiável, disciplinado, cheio de uma admiração sem limites por tudo que viesse de cima, Boldin era o típico *apparatchik* do Partido, e não um monstro. Era simplesmente um *homo-systemus*, o exemplo perfeito desses homens do sistema que são capazes de tudo, até de dar um golpe.

O segundo personagem era Oleg Baklanov, número 2 do Conselho de Defesa e secretário do Partido. O terceiro, Valentin Varennikov, comandante em chefe das forças terrestres do Exército Vermelho, tinha dado o que falar semanas antes como um dos signatários de um "Apelo ao povo". Um manifesto em que os conservadores denunciavam o "caos" e o "veneno" que agentes estrangeiros estavam disseminando no país.

O quarto homem era certamente o mais temível. General do KGB, chefe da todo-poderosa nona diretoria, incumbida, antes de mais nada, da proteção dos dirigentes do país, Iuri Plekhanov tinha fama de impiedoso. Há algum tempo se transformara numa espécie de faz-tudo para Raíssa. Os Gorbachev não iam oficialmente a lugar nenhum sem que a silhueta ligeiramente arqueada de Plekhanov surgisse da sombra. Mais tarde, o guarda-costas de Yeltsin, o general Korjakov, explicaria a traição de Plekhanov falando do seu ódio por Raíssa: ela obrigava esse homem de idade a mudar de lugar as luminárias de bronze do Kremlin! Um rancor pessoal às vezes pode mudar o curso da história...

Gorbachev se preparava, portanto, para receber seus "visitantes". Nem foi necessário convidá-los a entrar, pois já estavam lá, a poucos metros do gabinete do presidente. E Raíssa ao lado.

O casal presidencial sabia que a URSS estava à beira do abismo, mas os dois estavam intimamente convencidos de que as soluções propostas pelos golpistas voltariam a mergulhar o país num banho de sangue. Em hipótese alguma o presidente queria essas "soluções" que em outros tempos tinham provocado a morte de centenas de milhares, de milhões de seres humanos. "Seria uma traição e a garantia de uma nova colheita de cadáveres."

Ao longo de toda a sua carreira os Gorbachev pretenderam reformar o país, sem sobressaltos, pacificamente, e de repente exigiam que o presidente tomasse a frente de um golpe de Estado antidemocrático, anticonstitucional. E de fato era o aval de Gorbachev para sua lamentável incumbência que os representantes do Comitê vinham buscar. Ainda precisavam dele, no mínimo para adoçar a pílula para o Ocidente. Era pegar ou largar, não para Gorbachev, mas para a própria ideia do gorbachevismo. Foi sem dúvida por este motivo que o presidente, para enorme espanto dos golpistas, rejeitou esse passo, que se parecia a um pacto com o demônio totalitário.

Os emissários do Comitê se defrontaram então com a intransigência de Gorbachev. Assim, pelo menos, é que a atitude do chefe do Kremlin foi interpretada naquele momento, embora não possamos excluir eventuais revelações sobre a natureza profunda de suas relações com esses *apparatchiks*.

Mikhail percebeu muito bem que o principal já fora decidido. Mas não sabia se o avião onde se encontravam as famosas chaves da valise negra de comando das armas nucleares estaria bloqueado ou não pelos militares da junta.

A darmos crédito ao relato do presidente, o confronto foi brutal. De início, Mikhail reagiu violentamente, até tomar a decisão de não ceder e se acalmar. A delegação do Comitê certamente não esperava uma reação assim. Comportamento surpreendente, é bem verdade, da parte de um homem que há mais de um ano quase sempre cedia às forças conservadoras.

Raíssa estava no corredor quando os emissários do Comitê saíram do gabinete do presidente. Eram quase seis horas da tarde. Oleg Baklanov, o homem do complexo militar-industrial, lhe estendeu a mão. A mulher do presidente não se mexeu.

— Por que está aqui? — perguntou.

Houve um momento de hesitação antes de Bakhlanov dizer: "São as circunstâncias que exigem", contaria Raíssa.

A czarina encarou friamente o chefe de gabinete do marido, Boldin. Estava perplexa. Há quinze anos eles mantinham uma relação estreita. Boldin era quase da família e os Gorbachev confiavam nele, mesmo nas coisas mais íntimas. Mais tarde, contudo, Raíssa explicaria, para afastar qualquer suspeita sobre as relações do casal com os membros do Comitê: "Não havia entre os golpistas ninguém com quem eu pudesse me abrir sobre meus sentimentos mais íntimos. Os jornais que afirmam o contrário estão apenas contando mentiras."

O certo é que os Gorbachev e Boldin eram muito próximos. Boldin fora assistente de Mikhail antes que assumisse a secretaria geral, quando era apenas membro do Birô Político encarregado da agricultura. Quando Gorbachev se transferiu de Stavropol para Moscou, convocou Boldin para acompanhá-lo. Faria sentido que Boldin tivesse preparado as medidas do estado de urgência com o Comitê sem sinal verde do seu mentor?

Os inimigos de Gorbachev não acreditavam nisso. Segundo eles, Boldin era a voz do seu mestre. Mas o ambicioso *apparatchik*, vendo que Gorbachev não aceitava "o acerto que lhe era proposto", não teria desejado aproveitar a oportunidade, romper o cordão umbilical e se libertar daquele que o havia levado até ali?

Quando os emissários se retiraram da residência, Raíssa foi ao encontro do marido em seu gabinete. Ele tinha na mão uma folha do seu caderno na qual anotara os nomes dos membros do Comitê. Mandou chamar a filha e o genro e explicou a situação à mulher e aos filhos.

— Se quiserem questionar o essencial, ou seja, a minha política, vou me manter na minha posição até o fim. Não vou ceder a nenhuma chantagem, nenhuma pressão. Fora de questão recuar das decisões já tomadas.

Mikhail pedia à família que seguisse suas instruções, acontecesse o que acontecesse.

Começou então o sequestro do presidente e dos seus próximos. As vias de acesso à residência foram barradas e havia unidades do KGB cercando Foros. Por sorte, os trinta e dois homens da guarda permaneceram fiéis a eles. Enquanto o presidente recebia os emissários do comitê, os guarda-costas chegados de Moscou tinham transmitido brutalmente a mensagem aos colegas leais no Kremlin. "Nossa preocupação", diria um deles, "era evitar provocações, para depois não alegarem que o presidente tinha morrido durante um tiroteio."

A família Gorbachev se organizou para viver nesse clima de residência "vigiada". O ambiente no território da *datcha* presidencial era estranho. Mikhail, a mulher e os filhos tinham sido feitos prisioneiros. Mas eram prisioneiros desfrutando de privilégios. Os guarda-costas que permaneciam fiéis — o que os golpistas não podiam ignorar — estavam autorizados a cuidar da sua proteção. Dia e noite, os trinta e dois agentes de segurança armados de Kalachnikovs, pistolas e rádios ocupavam os pontos estratégicos da *datcha*. Quando os soldados que haviam chegado com a delegação de golpistas importunaram o fiel conselheiro de Gorbachev, Cherniaev, os homens da guarda ainda foram capazes de pressão suficiente para que ele pudesse passear tranquilamente por onde quisesse. Ainda estaria em vigor a surrealista coabitação entre as forças dos golpistas e as do presidente? Ou os chefes da junta em Moscou teriam dado ordens permitindo abrir possibilidades futuras e eventualmente deixar a Gorbachev alguma margem de manobra? Se o golpe desse certo, talvez ele acabasse se aliando ao Comitê de Estado de Urgência, mesmo correndo o risco de se tornar uma marionete obediente, depois de ser feito refém dos meios conservadores durante mais de um ano? Em Moscou, alguns deputados não excluíam essa hipótese, que no entanto não combinava com a atitude da czarina, a essa altura nomeada ministra da Resistência.

Passaram-se os anos e ainda hoje as dúvidas permanecem. Gorbachev teria podido agir de outra maneira? Ele poderia, por exemplo, tentar chegar ao seu avião de metralhadora em punho; em outras palavras, resistir como fez Allende, e se tornar uma lenda. Mas para Raíssa a alternativa não era aceitável.

Segundo os depoimentos que escapavam de Foros, ela temia acima de tudo pela vida de Mikhail, dos filhos e dela própria. Receava até ser envenenada. Convencida de que os golpistas estavam dispostos a tudo, recusava a comida preparada pelos cozinheiros habituais da *datcha* e que era levada num veículo especial desde a noite de 18 de agosto de 1991.

A czarina não dormia mais. E de fato a mobilização de forças ao redor de Foros era impressionante. Os mais próximos relataram que na noite de 18 para 19 ela contou dezesseis navios de guerra na enseada, entre eles um submarino.

Os Gorbachev decidiram então fazer alguma coisa. Como estavam isolados do mundo, tentariam enviar sinais aos veranistas do balneário do Comitê Central que ficava ao lado do território da *datcha* presidencial. O próprio Bóris Yeltsin, inclusive, mandara telegramas a vários hotéis de veraneio da *nomenklatura* às margens do mar Negro, pedindo que os médicos entrassem em contato com Gorbachev para esclarecer seu verdadeiro estado de saúde.

"Nós saíamos da residência e caminhávamos em direção ao mar, com um único objetivo", contou Raíssa: "Fazer com que o maior número possível de pessoas visse o presidente com boa saúde. Quanto mais fôssemos vistos, mais seria difícil esconder a verdade." Mikhail e Raíssa apareciam com frequência no terraço. Sempre para serem vistos, mas também para conversar. Os próprios guarda-costas, conhecendo os sistemas de escuta que podiam ter sido instalados, aconselharam o casal presidencial nesse sentido.

A czarina, obcecada com os microfones e a vigilância, imaginou algumas possibilidades de fuga ou pelo menos de contato com o exterior. Mas o anjo da guarda no qual depositava sua confiança a dissuadiu, esclarecendo que, no mar, tudo estava bloqueado, e por terra a vigilância era tão forte que seria impossível até rastejar.

Mas isto não impediu a czarina de tentar encontrar alguma falha.

Pouco depois, os Gorbachev, de comum acordo, resolveram não fazer nada que pusesse em risco as suas vidas. Para os netos aparentemente não era difícil suportar o confinamento sob vigilância da família. Mas Oksana, a mais velha, começou a se preocupar seriamente quando os guarda-costas recomendaram que as meninas não fossem mais à praia. Assustada com as Kalachnikovs, ela ficava no quarto, onde uma televisão fora instalada, acompanhada da irmãzinha Anastácia. Alguns membros da guarda tinham improvisado antenas para captar as transmissões.

Os Gorbachev decidiram fazer sua reunião na praia. Assim, na noite do dia 19, por volta das seis horas, o presidente chegou à beira d'água com a família. Para enganar os agentes do KGB que observavam os "prisioneiros" de binóculos, todos se banharam, jogaram cartas, fingindo estar apreciando as férias. Raíssa pediu a Cherniaev que a seguisse com seu marido até uma cabine. Uma vez longe dos olhares, arrancou algumas folhas da sua caderneta, tirou da bolsa um lápis e deixou os dois se entenderem. Gorbachev então ditou ao assessor — seu irmão, como diria mais tarde —, as reivindicações que pretendia apresentar.

— 1. Exijo que a linha telefônica governamental seja imediatamente restabelecida. 2. Exijo que me mandem imediatamente o avião presidencial para me levar a Moscou.

Mikhail Gorbachev esperava assim provocar uma reação dos seus guardiões. Sabia perfeitamente que seus atos e palavras eram imediatamente relatados ao Comitê de Urgência do Estado em Moscou. As reivindicações do presidente eram transmitidas ao general Gueneralov. Por isto é que diariamente, sem descanso, ele exigia que a linha telefônica fosse restabelecida e lhe permitissem voltar à capital. Exigia também a publicação de um desmentido oficial sobre sua saúde.

Enquanto isso, o médico curandeiro que viera de Moscou tinha desaparecido. Fora proibido de voltar à *datcha* presidencial.

Na noite de 19 para 20, por volta de três horas da manhã, os Gorbachev decidiram, no maior segredo, gravar um videocassete para alertar o mundo inteiro. Seu genro Anatoli Verganski se encarregou da gravação. Várias versões foram registradas em minicassetes. O presidente aparecia de pulôver e camisa de colarinho aberto, braços cruzados, o rosto marcado pelo cansaço, os olhos fundos. Seu olhar e sua expressão refletiam o peso do transe pelo qual passava: "Estou com boa saúde. Tudo que foi anunciado pelo camarada Ianaev é mentira. Foi cometido um crime contra o Estado. A decisão do camarada Ianaev de assumir as funções de presidente é inconstitucional. Exijo uma reunião do Congresso dos Deputados." O resultado foi um vídeo de qualidade medíocre, entrecortado de interferências. Ao registrar esse apelo clandestino na segunda noite de sua detenção, Gorbachev queria não só mostrar que estava bem e desestabilizar os golpistas mas também — o que era importante para o futuro — dispor de uma prova tangível da sua recusa de "colaborar" com a junta, quaisquer que fossem as revelações dos golpistas quando fossem julgados por crime contra o Estado.

Gorbachev se valeu de vários meios para divulgar a declaração. Raíssa deu instruções as mais estritas. Entregou a fita de vídeo embrulhada em fita adesiva a Cherniaev, que a passou a Olga, a assistente do presidente. Seus pais estavam doentes em Moscou, ela tinha um bom pretexto para se afastar da *datcha*. Cherniaev então negociou um passe com o novo chefe da segurança. Com o documento escondido na calcinha, a secretária passou sem problemas pelas barreiras da guarda. Ao chegar a Moscou, tinha a missão de entregar a fita cassete à mulher de um editorialista próximo de Gorbachev.

A czarina só conseguiu se recompor no fim da tarde, e se deu conta de que a detenção de sua família em breve chegaria ao fim. É verdade que os golpistas tinham chegado, mas os amigos de Bóris Yeltsin, sobretudo, é que haviam feito sua entrada na *datcha*.

Raíssa estava irreconhecível; o braço direito contraído, a mão crispada, enrijecida, ela parecia totalmente desorientada. Não conseguia caminhar sem ajuda. Só depois de entrar no avião que a conduziria a Moscou é que conseguiu recobrar um pouco as forças.

Para a czarina, a pressão fora e continuava sendo terrível, tanto mais que desempenhara um papel considerável junto ao marido. Ela o sabia perfeitamente, e os golpistas não o ignoravam. Aliás, certamente a consideravam responsável, ao menos em parte, pelo comportamento de Gorbachev.

Fisicamente, ela foi vítima do golpe. Com certeza achou que os capangas do KGB seriam capazes do pior. Será que realmente pensou que teria o mesmo destino dos Ceausescu — execução após processo sumário — como se chegou a escrever? Provavelmente não. Desde o início ela tinha consciência de que se tratava de um golpe dos "radicais", não em nome de uma revolução "democrática", mas de uma ação conservadora neostalinista. É verdade que os acontecimentos na Romênia tinham deixado claro que o papel do Partido e dos serviços secretos de Bucareste fora dos mais ambíguos, mas a comparação com o destino da mulher do ditador romeno não se sustenta. Na verdade, Raíssa considerava que a junta no poder podia "eliminar" seu marido ou, hipótese não muito mais tranquilizadora, deixá-lo vivo mas transformando-o num "zumbi", mediante algumas injeções especialmente dosadas. Raíssa tinha perfeito conhecimento dos antecedentes contra adversários do regime, contra dissidentes...

Naquele dia, a czarina mais parecia um animal acuado, defrontando-se com acontecimentos que escapavam totalmente de seu controle. Um trauma intelectual difícil suportar, sobretudo depois de seis anos tendo tão grande influência ao lado do dirigente supremo da segunda potência do planeta.

O casal presidencial ainda permaneceu três meses no poder. Gorbachev perdeu o cargo em dezembro, quando a URSS deixou de existir. Uma nova vida começou então.

Raíssa acompanhava o marido quando ele viajava para dar conferências, especialmente nas universidades americanas. Por cada uma delas, o ex-presidente da URSS recebia quatrocentos mil francos. Mas o casal transfere esses valores, basicamente, para a manutenção da Fundação Gorbachev. Ainda recentemente, os Gorbachev se queixavam de ter perdido todas as economias na crise financeira russa: oitenta e nove mil dólares.

Sempre gozando de prestígio no exterior, os Gorbachev não ignoravam que, embora possam se considerar do lado certo da História, na Rússia são culpados por qualquer um na rua por terem derrubado os falsos ídolos e os sonhos de grandeza.

A fatalidade se abate sobre esse casal unido a 20 de setembro de 1999, quando Raíssa falece tranquilamente nos braços do marido, em consequência de uma leucemia.

Após sua morte, a atitude dos russos em relação à sra. Gorbachev mudou radicalmente. Agora (como escreve o jornal *Notícias de Moscou*), ela "se tornou um motivo de orgulho da Rússia". O nome de Raíssa continua gravado na História.

Antes de morrer, a czarina esteve uma última vez no ambiente familiar dos compartimentos abobadados recobertos de cenas religiosas. Ao pousar o olhar no dossel de madeira esculpida ornado de esmaltes com as armas das províncias, ela murmurou: "Matamos o monstro totalitário..." Em seguida, com os olhos tristes, viu fechar-se a grande porta recoberta de ouro cinzelado, com animais fantásticos representados no frontão.

A filha do czar Bóris

Depois do golpe de 1991, houve quem achasse que a História chegara ao fim. Esperava-se que a influência oculta das czarinas desaparecesse com o fim do império soviético. Mas não. As tradições históricas nunca são aniquiladas de um só golpe.

Não saímos apenas de oitenta anos de comunismo, mas de mil anos de história sem sociedade civil, sem partidos políticos, sem parlamento. O exercício do poder nunca repousou na lei, mas num sistema de regras bolcheviques ou na vontade do czar, e mesmo da czarina. A técnica política na Rússia não se modifica.

Após a queda do muro de Berlim, exatamente como em *Fim de partida*, de Beckett, assistimos ao ressurgimento de um cenário vazio dominado por fantasmas absurdos e vaidosos. Bóris Yeltsin, mais que nunca, retomou tradições antigas, com o triunfo dos valores masculinos em detrimento da "feminilidade" do casal Gorbachev.

Dominador, conflituoso, intransigente, o czar Bóris privilegiava as formas de lazer ancestrais russas dos homens viris. Apreciador da boa mesa e do bom vinho, gostava dos rituais do *bania*. Antes da manifestação de sua doença cardíaca em 1995, o chefe do Kremlin respeitava essas tradições: flagelação recíproca com galhos de bétula no vapor, seguida de banho gelado e saltos mortais na neve, concluindo com grandes tragos de vodca ou cerveja gelada.

Mas os detratores de Bóris Yeltsin se enganavam pensando que esses excessos ou mesmo seu gosto pronunciado pelo álcool comprometeriam a imagem de marca do pitoresco personagem. Na época, pelo contrário, as pesquisas de opinião continuavam cada vez mais favoráveis: ele bebia e tinha seus "prazeres" como todo mundo.

Depois de assumir o cargo, naturalmente, ele continuou praticando os rituais do *bania*.

E seus cortesãos se sentiam lisonjeados por fazer parte dessa rede de banhos na qual foram tomadas tantas decisões políticas importantes, especialmente a respeito da primeira guerra na Chechênia, no fim de 1994. Fazer parte desse círculo de iniciados rendia muitas vantagens. Quantas promoções fulgurantes não foram decididas assim, quantas carreiras não ruíram. Não ser mais convidado era infalivelmente sinal de desgraça.

Nessa época, Naina, a dócil esposa de Bóris Yeltsin, se esforçava por permanecer invisível. Já Yeltsin fazia questão de ostentar sua virilidade num grau caricatural: ao voltar para casa, deixava a mulher e a filha despi-lo e até tirar seus sapatos (segundo depoimento do guarda-costas).

No fim de 1991, quando Yeltsin se tornou o senhor incontestável do Kremlin, Naina preferiu adotar a reserva das esposas apagadas e quase invisíveis da época soviética, como por exemplo a mulher de Leonid Brejnev. Desconfiada, no entanto, fez um inventário detalhado dos móveis das residências oficiais herdadas dos Gorbachev. O general Korjakov levou algum tempo para convencê-la de que os antecessores não tinham levado nada. Em compensação, segundo a mesma fonte, ela mesma se apropriou de alguns móveis valiosos de madeira da Carélia instalados na residência oficial dos Gorbachev. Também ordenou que os armários embutidos da cozinha fossem arrancados e levados para sua *datcha*.

Durante as visitas oficiais, Naina era exatamente o contrário de Raíssa. Apagada, nunca parecia segura de si. Sua obsessão era o medo de cometer gafes.

Foi por volta de 1995-1996 que a influência feminina se tornou determinante na vida de Bóris Yeltsin. A essa altura já era difícil para os próximos do presidente mascarar os problemas de saúde que o obrigavam a desaparecer da vida pública por períodos cada vez mais longos. Praticamente todo mês ele se internava em clínicas ou hospitais. Apesar disso, a família, preocupada com o futuro, o induziu a se candidatar às eleições presidenciais de 1996.

Tatiana, sua filha menor, soubera durante uma viagem a Paris que Claude Chirac, filha do presidente francês, exercia funções oficiais no Eliseu. E decidiu seguir o exemplo. Sua influência, contudo, iria muito além da exercida pela jovem francesa.

Tatiana instaurou então uma espécie de regência *de facto*, para dar a impressão de que o poder era exercido na ausência do czar Bóris. Ela mexia os pauzinhos, naturalmente tomando o cuidado de fazer o pai avalizar suas decisões. Nesse período, seu papel muitas vezes foi determinante. Durante a batalha eleitoral decisiva do início de 1996, ela mandou chamar especialistas americanos em assessoria de relações públicas. Quem não se lembra do czar Bóris dançando twist diante das câmeras do mundo inteiro para provar, a conselho da filha, que apesar da doença ele estava em forma?

Tatiana não se limitou a mudar a imagem de mujique mal ajambrado carregada pelo pai. Como autêntica czarina, alterou sobretudo a hierarquia dos boiardos, posicionando seus fiéis aqui e ali. Em maio de 1996, conseguiu do pai o impossível: o afastamento de sua eminência parda, Alexandre Korjakov, com toda sua rede de influência. Para isto, Tatiana colocou na linha de frente o amigo Anatoli Chubais, inicialmente como chefe da casa civil da presidência, e depois como homem forte do governo. Em 1998, Tatiana contribuiu para a mudança de dois primeiros-ministros. Chernomyrdin foi dispensado em março e substituído por Kirienko, que, por sua vez, caiu em desgraça em agosto.

Tatiana, na verdade, mantinha no Kremlin um sistema de organização do poder a meio caminho entre Bizâncio e os últimos dias do reinado de Nicolau II. Constataria o general Lebed: "Yeltsin tem uma confiança cega na opinião da filha."

A morte do presidente era esperada a qualquer momento; nesse teatro do absurdo, todo mundo anuncia a sua queda; os comunistas o perseguem, os médicos preveem seu fim. Graças a Tatiana, ele continua firme.

Em novembro de 1996, cinco meses após sua eleição para a presidência da Federação da Rússia, o czar Bóris teve de se submeter à implantação de cinco pontes de safena no coração: Tatiana insistiu em que a cirurgia fosse feita, não obstante a opinião do "concílio" de médicos russos e estrangeiros que consideravam Yeltsin inoperável.

Um grupo de cirurgiões alemães se manteve a postos para, em caso de fracasso da operação a peito aberto, proceder a um transplante cardíaco. A czarina se opôs terminantemente à divulgação de informações exatas sobre o estado de saúde do pai. (Na Rússia, por sinal, evoca-se a esse respeito o caso da doença do presidente francês François Mitterrand, mantida em segredo durante longos anos, apesar da publicação de sucessivos boletins de saúde.)

Coração, pulmões, surdez num dos ouvidos, cirrose, úlcera estomacal: é muita coisa para um homem só. Não demorou, e o czar já não conseguia pronunciar mais que algumas poucas palavras. Mas apesar disso, ladeado pela filha e seus sucessivos primeiros-ministros, foi capaz de permanecer no palco dessa Rússia à beira do abismo.

Nascida a 17 de janeiro de 1960 em Iekaterimburgo, nas profundezas da cordilheira dos Urais, Tatiana, como a mãe, permaneceu muito tempo na sombra. Na escola, era uma menina-modelo, alegre e apaixonada por matemática. Mais tarde, entrou para a Universidade de Moscou para estudar essa disciplina. A mãe, que se opôs a sua partida, queria que ela prosseguisse os estudos em sua terra natal, os Urais, como a irmã. E de fato a jovem logo se sentiu só na capital moscovita. Sentia falta do pátio do prédio onde morava, com a gritaria das crianças. Na época, mesas eram instaladas do lado de fora, com garrafas e *zakuskis*, para comemorar quando alguém era aprovado numa prova ou passava de ano. Essa saudade, acentuada pela solidão frente ao imenso oceano da vida moscovita, rapidamente a levou a encontrar um companheiro. E havia também o aspecto prático: os namorados dificilmente tinham lugar para se encontrar, pois os hotéis não aceitavam pares não casados. Esse obstáculo só seria eliminado nas grandes cidades alguns anos depois da Perestroika. E assim Tatiana casou aos vinte e um anos. Ao concluir os estudos, obteve um emprego de prestígio no centro científico *Salut*, onde participava do lançamento das naves espaciais. Embora o pai pertencesse à alta *nomenklatura*, a jovem esposa teve de enfrentar os habituais problemas cotidianos. Exatamente como as colegas, sua jornada de trabalho era longa: fora de casa e depois em casa. Não havia confortos de tipo ocidental; a pílula era um luxo prescrito em condições absolutamente extraordinárias e as creches e escolas nunca estiveram à altura do que a propaganda prometia.

Tatiana não demorou a se dar conta de que as mulheres estavam ausentes nas altas esferas políticas. É verdade que havia muitas nos níveis intermediários do Partido, mas o conservadorismo herdado da Rússia antiga não permitia um avanço para cargos de verdadeira responsabilidade. O desaparecimento da ideologia comunista não alterou grande coisa para a condição feminina. Esse salto para trás podia ser medido no terreno eleitoral: nas legislativas de 1993, o Partido das Mulheres não venceu em nenhuma circunscrição, ao passo que em 1991 obtivera vinte e seis assentos no Parlamento.

Tatiana decidiu então abrir espaço por meio da influência que tinha sobre o pai. A Perestroika lhe dava alguma esperança. Nessa época, contudo, ela ainda não estava envolvida em política. Nos fatídicos dias do golpe de agosto de 1991, nem sua mãe nem ela estavam ao lado de Bóris Yeltsin organizando a resistência: permaneceram escondidas no apartamento de um amigo em Moscou. Tatiana não era propriamente feminista, mas sabia que a vida cotidiana precisava mudar. Tivera de enfrentar o círculo misógino do pai, como, por exemplo, seu guarda-costas Korjakov, que nunca deixava de fazer gracinhas quando a via vestindo conjunto de calça e *tailleur* no Kremlin.

Em 1980, Tatiana deu ao pai uma suprema satisfação: o herdeiro masculino que ele tanto desejava. O pequeno Bóris não estava destinado a receber o nome do pai, mas o prenome e o sobrenome do avô materno. O primeiro casamento de Tatiana foi um fracasso. Por vontade do pai, depois do divórcio a filha do czar riscou do mapa o nome do marido inconstante. A partir dali, nem o pai do menino nem os avós paternos puderam voltar a vê-lo. Rancoroso, Bóris Yeltsin, inicialmente membro influente da direção do PCUS, e mais adiante presidente da Rússia, tinha suficiente influência para fazer como achasse melhor... O herdeiro, ao chegar à idade adulta, foi matriculado numa das faculdades de maior prestígio de Cambridge, na Inglaterra.

Para o senhor do Kremlin, o jovem Bóris simbolizava o futuro de uma dinastia da qual ele seria o fundador. O czar tem ainda outro herdeiro masculino, Gleb, filho do segundo casamento de Tatiana. O nome foi escolhido pelo avô e imposto à filha por se tratar de um santo que foi mártir ortodoxo! Alexei Diachenko, ex-marido de Tatiana, prefere ficar na sombra. Mas, como príncipe consorte, não hesita em fazer valer seu parentesco com o czar Bóris, em favor dos seus negócios no terreno da exportação de metais não ferrosos dos Urais.

De 1992 a 1999, o pilar do sistema yeltsiniano foi um amigo da família, Bóris Abramovich Berezovski. Depois de escapar milagrosamente de vários atentados, esse empresário de métodos nem sempre ortodoxos se tornou, graças a Tatiana, um verdadeiro mandachuva no país. Conforme a revista *Forbes*, sua fortuna — acumulada em menos de dez anos — era da ordem dos bilhões de dólares...

A czarina estimulou, assim, o surgimento do capitalismo oligárquico, sistema em que os mesmos indivíduos controlam o poder político, a imprensa e o dinheiro. O dinheiro dá poder, o poder dá dinheiro, e quando se tem dinheiro, se tem ainda mais poder.

A cumplicidade entre Berezovski e o clã Yeltsin foi forjada passo a passo. Para começar, o empresário teve em 1993 a luminosa ideia de editar na Finlândia as memórias do novo senhor do Kremlin. O negócio foi fechado por intermédio do *ghost writer* Valentin Yumashev, que redigiu as *Memórias* do presidente. Segundo o general Korjakov, Berezovski depositava mensalmente quinze mil dólares para o autor, para não falar dos presentinhos oferecidos a Tatiana: automóveis Chevrolet ou da sua fábrica Niva. Não demorou, e ele se tornou proprietário de grandes marcas da indústria russa, como Aeroflot (em sociedade com Okulov, o genro do presidente, marido de sua filha mais velha, Elena), Lada (automóveis), ORT (principal canal de televisão) e Sibneft (companhia petrolífera). Mas o sistema funcionava com sutileza. Como sempre na Rússia, o czar deixava os próximos agirem, ao mesmo tempo mantendo-os sob sua dependência. E assim Yeltsin garantia a fortuna dos oligarcas para que o apoiassem, especialmente nas eleições de 1996. Em outras palavras, o dinheiro do Estado era entregue aos grandes barões das finanças. Em dez anos, a fortuna pessoal de cada um deles, ainda segundo a mesma publicação americana, ultrapassou o bilhão de dólares.

Nos meios financeiros internacionais, todo mundo sabe como eles procedem. Por meio de faturas falsas, contratos ou empréstimos fictícios, o dinheiro continua convergindo para Londres, Wall Street, Milão, Frankfurt ou Tóquio. Entrando no caixa de empresas financeiras ou comerciais perfeitamente legais, ele é reinjetado em circuitos econômicos comuns. Esses banqueiros pouco escrupulosos investem no setor imobiliário, no turismo na França, na Itália, na Espanha, onde o aumento da presença de russos na costa de Valência acarretou a criação de um voo semanal direto entre Alicante e Moscou.

No Chipre, a língua estrangeira mais falada não é mais o árabe, mas o russo. Nos três últimos anos, o Banco Central de Nicósia concedeu mais de três mil e quinhentas autorizações para criação de empresas *offshore* a negociantes do Leste europeu, mais de metade dos quais chega com malas cheias de milhões de dólares provenientes do tráfico de drogas ou de armas. Em relatório publicado depois de dois anos de investigações, o Centro de Estudos Estratégicos e Internacionais dos Estados Unidos orça em um bilhão de dólares por mês as transferências de fundos ilícitos da Rússia para Chipre. Mais recentemente, esses novos russos chegaram em grande estilo à Côte d'Azur, investindo centenas de milhões em imóveis, hotelaria, importação-exportação. Muitos gostam de ostentar suas joias, relógios cravejados de diamantes, roupas de grife, jatos particulares, carros de alto luxo.

Berezovski nega ter contribuído para a fortuna dos Yeltsin. É preciso frisar que a esposa do presidente, assim como sua filha Tatiana, não é grande apreciadora de joias e casacos de pele caros. Seus mantôs de astracã comprados na Suécia (da marca Saga Selected) custam apenas cinco mil dólares, uma bagatela em comparação com o luxo ostentatório dos novos russos. Aos grandes costureiros ocidentais apreciados por Raíssa Gorbachev, ela prefere o russo Valentin Judachkin. Praticamente não usa joias de ouro e não faz uso de cosméticos. Em compensação, o jornal moscovita *Profil* (n° 33, 1998) informa que Tatiana é dona de várias propriedades: um castelo na Baviera, uma luxuosa mansão no Sul da França, avaliada em milhões de dólares, para não falar de uma *datcha* no monte Nikolina, dando para o vale verdejante do rio Moscovo (segundo o jornal *Sobecednik*, o valor da propriedade seria milionário). As fontes francesas confirmam que duas mansões na Côte d'Azur pertenceram ao amigo de Tatiana, Berezovski. O nome de Tatiana também apareceu no caso de lavagem de somas colossais de dinheiro russo (de dez a quinze bilhões de dólares) pelo Bank of New York. Segundo a direção do banco, o ex-marido de Tatiana, Alexei Diachenko, depositou dois milhões e meio de dólares numa filial da instituição numa zona *offshore*.

A investigação sobre a empresa suíça Mabetex também envolveria os nomes das duas filhas de Yeltsin. Segundo o *Corriere della Sera*, Yeltsin e as duas filhas disporiam na própria sede da Mabetex de cartões de crédito em seus nomes, para uso em lojas de luxo.

Que restou da menininha-modelo que sonhava com odisseias no espaço resolvendo equações nas avenidas ensolaradas de Moscou?

Mas a partir da nomeação do primeiro-ministro Primakov, em setembro de 1998, Tatiana não parecia mais surfar em ondas favoráveis. A luta contra a corrupção foi privilegiada por esse primeiro-ministro conhecido por sua integridade. Ele investiu contra Bóris Berezovski, cuja fortuna e cujos múltiplos passaportes foram motivo de escândalo na Rússia. Para Primakov, Berezovski era o principal alvo. Em maio de 1999, contudo, Primakov foi demitido e Berezovski, com apoio de Tatiana, saiu vitorioso do confronto (ver anexo). A renúncia de seu pai, em dezembro de 1999, mudou a vida de Tatiana.

Luta pela sobrevivência e traição, dinheiro fácil e poder: todos os ingredientes dos dramas russos estão presentes nesse quadro. Um último teste aguardava Tatiana ao se despedir do Kremlin. Quando deixou o gabinete n° 262 que ocupava na presidência, sem sequer lançar um último olhar para as relíquias, os ícones e os cálices suntuosos, a jovem entrou em sua Mercedes preta acompanhada pelos guarda-costas. Pediu ao motorista que ligasse o rádio. Ao ouvir a voz rouca de Alexandre Soljenítsin, seu rosto se contraiu: Dizia o escritor: "Eu me recusei a aceitar a Ordem de Santo André [que lhe foi concedida por seu 80.º aniversário] das mãos de Bóris Yeltsin." E prosseguiu, em tom profético: "Como é que o caráter nacional russo, ou o que dele resta e não foi totalmente saqueado, poderia resistir a essa decomposição? Por meio de que resíduo de magnanimidade, de compaixão viva pela desgraça alheia (quando somos pessoalmente confrontados com ela)? E, sobretudo, como proteger as crianças dessa perversão corruptora, insolente, triunfante?"

Na rua Tsverskaia, o carro passou pelo luminoso de uma boate na qual mocinhas à venda, vindas de toda parte, desfilavam em clima de alta voltagem. Com seus olhos castanhos ou azuis sem fundo, suas maçãs do rosto asiáticas, a pele nua sob os casacos de pele, elas representam para os estrangeiros o símbolo do reinado de Yeltsin.

Mais adiante, a limusine parou para a passagem de uma procissão antecedida pela imagem da Assunção recoberta de pedrarias.

No cortejo, um homem de casaco cinzento disse com tristeza: "Nossa vida está parecendo de novo aqueles filmes soviéticos longos, chatos e desagradáveis." E assim se resumia em poucas palavras o balanço do reinado de Tatiana.

Que destino difícil, ser czarina na Rússia!

Esse país provavelmente só se aguentou tanto tempo graças às mulheres. Czarinas ou simples russas, seus destinos de paixão foram forjados pela própria história do país. E, de Ivan, o Terrível, aos nossos dias, elas ajudaram os homens a sobreviver num ambiente hostil.

As czarinas não nos permitem apenas fazer uma viagem no tempo e no espaço, dos palácios esplendorosos da São Petersburgo de antes da Revolução ao Kremlin de hoje. Também nos levam a meditar sobre a metafísica do exercício do poder político.

Se decidi publicar este livro, depois de vinte e cinco anos de carreira diplomática, foi, antes de mais nada, para homenagear essas mulheres que foram grandes inspiradoras.

Sua influência nos negócios de Estado se revelou às vezes mais surpreendente que a dos próprios autocratas. Nesse mundo impiedoso construído em torno do poder absoluto, elas reconfortaram as almas atormentadas dos czares. Este trabalho é também um elogio da força de caráter das mulheres que, mais que os homens, sabem enfrentar os golpes do destino e às vezes recomeçar do zero, lutando para conquistar a felicidade daqueles que amam.

Mais que todos os segredos políticos, o enigma feminino me fascinou. O amor nasce e depois morre, para permanecer na memória. Como disse Gorbachev à cabeceira de Raíssa nos seus últimos momentos: "No fim das contas, o que eu tive na vida? Aquele encontro com ela na primavera, e um sonho infinito..."

Essas histórias colocam um problema sobre o futuro do meu país. Qual Rússia vai sair vitoriosa? A de Tatiana ou a de Soljenítsin? Seria ainda possível inventar-se uma terceira? Muitos não aceitam esse estado de coisas e querem restabelecer o orgulho da Rússia. Se de fato quisermos ajudá-la a sair não só do comunismo, mas das consequências do comunismo, está mais que na hora de nos decidirmos a analisar a Rússia tal como é.

Para um problema totalmente original, só uma solução original pode servir. E essa solução deve levar em conta todo o peso dessa eterna Rússia passada na peneira de setenta anos de comunismo.

A força de caráter das czarinas me dá uma ponta otimismo quanto ao futuro. Contando essas histórias, às vezes violentas e trágicas, não busco o prazer perverso de diminuir meu país. Se considerasse essa movimentada decadência como algo irremediável, eu me calaria. Falo livremente porque estou convencido do contrário. O olhar das mulheres excepcionais, que chega até nós ao longo dos séculos, é a maior garantia do futuro nessa Europa, do Atlântico aos Urais.

Mas antes do 31 de dezembro de 1999, Vladimir Putin, o novo homem forte do Kremlin, pegara um avião com sua jovem e discreta "czarina", Lyudmila, para passar o *réveillon* com suas tropas na frente de combate na Chechênia...

Lyudmila Putin terá sido uma mulher apagada à moda soviética ou uma secreta conselheira política, como se revelaram ao longo dos séculos tantas czarinas míticas da Rússia eterna?

Nesse dia 31 de dezembro de 1999 Lyudmila foi informada da demissão de Yeltsin e da nomeação do marido. Percebendo que sua vida pessoal chegara ao fim, a primeira-dama da Federação da Rússia chorou muito.

A então nova czarina não parecia muito à vontade no Teatro Mariinski de São Petersburgo, em companhia de Tony Blair e esposa. Mas o que poderia ela fazer além de proporcionar algum conforto à alma atormentada desse novo czar, que teria tantas coisas a enfrentar: corrupção, guerra, crise financeira e desorientação dos compatriotas?

Ela jamais duvidou de que ele fosse capaz de vencer as mais audaciosas apostas: "Eu sempre achei que, com Volodia, alguma coisa assim poderia acontecer."

A mais jovem czarina desde a regente Sofia, meia irmã de Pedro, o Grande, estaria pronta para assumir seu destino.

Anexo
Quem governou na Rússia?

(Integrantes do círculo mais próximo
de Tatiana Yumasheva, a caçula de Bóris Yeltsin)

*B*óris Berezovski (1946-2013), presidente do grupo Logovaz, construiu em menos de dez anos uma fortuna pessoal bilionária. Controlava a fábrica de automóveis Avtovaz, uma parte dos meios de comunicação (as redes de televisão ORT e TV6, um grupo de imprensa escrita, abarcando em particular *Nezavissimaya Gazeta*, *Novie Izvestia*, *Kommersant* e *Ogoniok*), a companhia aérea Aeroflot, muitos investimentos imobiliários e industriais e, por fim, a energia. Em 1998, Berezovski comprou a Sibneft (atualmente Gazprom Neft), importante empresa petrolífera siberiana. Sua associação com o grupo Menatep lhe permitiu fundar a Yukos, a maior empresa petrolífera russa.

Conhecido como o Mefistófeles da Rússia soviética, Berezovski soube se fazer indispensável a Bóris Yeltsin e sua família. Construindo para eles uma fortuna privada, mas também fornecendo colaboradores como Roman Abramovich e Alexandre Volochin, além de numerosos contatos no Ocidente.

Em janeiro de 1999, ele foi acusado de lavagem de dinheiro por meio de sua filial Andava, que fazia os pagamentos internacionais da Aeroflot. Como esta empresa estava sujeita ao direito suíço, o caso poderia desembocar em um mandado de prisão internacional. Berezovski resistiu, conseguiu a suspensão das acusações e sobretudo a demissão de Primakov em plena guerra do Kosovo.

Roman Abramovitch, nascido em 1966, protegido de Berezovski, foi posto à frente da Sibneft, a principal empresa do conglomerado petrolífero Yukos. Excelente gestor, teria a missão de criar um "grupo financeiro paralelo" à Logovaz, para desarmar as acusações de desvio de bens públicos. Na imprensa, considera-se que assumiu a maior parte das despesas correntes da família Yeltsin.

Alexandre Volochin, nascido em 1956, engenheiro ferroviário, fez carreira em diversas empresas do grupo Logovaz. "Emprestado" ao Kremlin em 1997, dirigiu entre março e dezembro de 1999 a Casa Civil da presidência, um Estado dentro do Estado, que controla órgãos vitais da Federação Russa. Nos anos 1990, coordenou operações para neutralizar e em seguida eliminar Primakov, além de organizar a atuação de grandes empresas em proveito da família Yeltsin. Volochin é considerado o inventor da "estratégia do jovem no comando": o sucessor de Yeltsin deveria ser um homem jovem e sedutor, dispondo de todas as alavancas de comando econômicas. Papel confiado inicialmente a Serguei Kirienko em 1998, e depois a Putin.

Vladimir Putin, primeiro-ministro entre agosto e dezembro de 1999, e presidente interino após a renúncia de Yeltsin até maio de 2000, quando seria eleito presidente por dois mandatos consecutivos, até 2008. Após um mandato de Dmitri Medvedev, Putin voltaria ao Kremlin, em 2012, onde se encontra até hoje. Esse veterano do antigo KGB recebeu a missão de organizar as eleições legislativas de dezembro de 1999 e a presidencial de 2000 — da qual sairia vencedor.

Nascido em 1946, *Pavel Borodin* foi um dos homens mais poderosos da Rússia. Entre 1993 e 2000 foi o inamovível secretário-geral da presidência. Nessa condição, administrava serviços, empresas e propriedades que antes dependiam da direção do Partido Comunista: mais de duzentos organismos e empresas, mais de cem mil empregados. Essas funções lhe permitiam distribuir importantes contratos e garantir a fortuna pessoal dos Yeltsin, mediante propinas e vantagens. Também foi candidato ao cargo de prefeito de Moscou contra Yuri Lujkov. Foi emitido quando Putin tornou-se presidente.

Anatoli Chubais nasceu em 1955. A partir de 1991, foi titular de vários ministérios importantes, tendo chegado a primeiro-ministro adjunto. Liberal convicto, apreciado pelos ocidentais, comandou o processo de privatizações na Rússia até 1998. Seria nomeado para a direção da EES Rossii, a empresa nacional de energia, e depois para a Corporação Russa de nanotecnologia. Dois trunfos no terreno político: organizou a reeleição de Yeltsin em 1996 e garantiu a ascensão de Vladimir Putin.

Valentin Yumashev, nascido em 1957, foi inicialmente o *ghost writer* de Yeltsin, redigindo suas memórias e muitos de seus discursos. Em 1993, promoveu os primeiros contatos entre o presidente e Berezovski (que cuidaria da publicação inicial das *Memórias*). Tornou-se, em seguida, o assessor mais próximo de Tatiana, com quem viria a casar, em 2001. Em 1997 e 1998, foi o chefe da Casa Civil da presidência.

Elena Okulova, irmã mais velha de Tatiana, com a qual se indispôs, desempenha um papel mais apagado. Mas seu marido, *Valery Okulov*, foi presidente da Aeroflot, a empresa aérea nacional, da qual Berezovski é um dos principais acionistas. Entraria depois para o Ministério dos Transportes da Federação Russa.

Behgjet Pacolli, albanês de Kosovo, nascido em 1951, dirigiu a Mabetex, empresa com sede em Lugano, Suíça, contratada para obras de reforma extremamente onerosas em Moscou: restauração do Kremlin, mas também reconstrução da Casa Branca, antiga sede do Parlamento destruída em 1993, e dos principais gabinetes do governo.

Esses contratos milionários teriam sido negociados graças a propinas pagas ao círculo de Yeltsin.

O caso foi denunciado pelo procurador Skuratov em janeiro de 1999. Em agosto, as autoridades suíças confirmaram parte das suspeitas. Três cartões de crédito, em nome de Bóris Yeltsin e suas filhas, foram apreendidos durante busca judicial na sede da Mabetex. Na verdade, o cartão em nome do presidente nunca foi usado pelo próprio Yeltsin, mas pelas filhas.

Este exemplo é revelador dos procedimentos financeiros em uso na Rússia. Na verdade, poderia muito bem ser considerada a fraude do século, sem precedente na história econômica mundial, pois bilhões de dólares por ano saem ilegalmente da Rússia.

Bibliografia

AKSAKOV, S. T., *Une chronique de famille*, Paris, Gallimard, 1946.
ALEXANDROV, V., *Les Mystères du Kremlin*, Paris, Fayard, 1962.
ANNENKOVA, Pauline, *Souvenirs de Pauline Annenkova*, Paris, Éditeurs français réunis, 1976.
BANNOUR, Wanda, *Les Nihilistes russes*, Paris, Anthropos, 1978.
BAYNAC, Jacques, *Le Roman de Tatiana*, Paris, Denoël, 1985.
BIENSTOCK, J. W., *Histoire du mouvement révolutionnaire, 1790-1894*, Paris, Payot, 1920.
BRUPBACHER, Fritz, *Michel Bakounine ou le Démon de la révolte*, Paris, Éd. du Cercle, Éd. de la tête de feuilles, 1970.
CARRÈRE D'ENCAUSSE, H., *Lénine*, Paris, Fayard, 1998.
CUSTINE, marquês de, *Lettres de Russie*, Paris, Éditions de la Nouvelle France, 1946.
_____, *La Russie de 1839*, Bruxelas, Wouters, 1843.
DURAND-CHEYNET, C., *Dernière Tsarine*, Paris, Payot, 1998.
FAURE, Christine, *Quatre femmes terroristes contre le czar*, Paris, François Maspero, 1978.
FENNER, Jocelyne, *Les Terroristes russes*, Paris, Éditions Ouest-France, 1989.
FERRO, Marc, *Nicolas II*, Paris, Payot, 1990.
FIGNER, Véra, *Mémoires d'une révolutionnaire*, Paris, Denoël-Gonthier, 1973.
FUNK, V.V., NAZAREVSKI, B., *Histoire des Romanov, 1613-1818*, Paris, Payot, 1930.

GALITZINE, princesa Véra, *Réminiscences d'une émigrée*, Paris, Plon, 1924.

GOLOVINE, princesa Varvara N., *Souvenirs de la comtesse Golovine, née princesse Galitzine*, Paris, Plon, 1910.

GORBATCHEV, M., *Mémoires*, Mônaco, Éditions du Rocher, 1996.

GRATCHEV, A., *La Vraie Histoire de la fin de l'URSS*, Mônaco, Éditions du Rocher, 1992.

GRUNWALD, Constantin de, *Alexandre Ier, le czar mystique*, Paris, Amiot-Dumont, 1955.

_____, *Société et Civilisation russes au XIXe*, Paris, Le Seuil, 1975.

_____, *Le Tsar Alexandre II et son temps*, Paris, Berger-Levrault, 1963.

_____, *La Vie de Nicolas Ier*, Paris, Calmann-Lévy, 1946.

HERZEN, Alexandre, *Mémoires d'un proscrit*, Genebra, Ch. Grasset, 1946.

KROPOTKINE, príncipe Pierre, *Autour d'une vie*, Lausanne, La Guilde du livre, 1972.

LECOMTE, Bernard, *Le Bunker*, Paris, Lattès, 1994.

LEFFLER, Anne-Charlotte, *Souvenirs d'enfance de Sophie Kovalewski écrits par elle-même et suivis de sa biographie*, Paris, Hachette, 1907.

LEROY-BEAULIEU, Anatole, *L'Empire des czars et les Russes*, Paris, Laffont, col. Bouquins, 1938.

MARIE de Russie, grã-duquesa, *Éducation d'une princesse*, Paris, Stock, 1934.

MEDVEDEV, V., *Dans l'ombre de Brejnev et Gorbachev*, Paris, Plon, 1992.

MOUROUSY, Paul, *Alexandre Ier, un sphinx en Europe*, Mônaco, Éditions du Rocher, 1999.

NIKOLAS Mikhaïlovitch, grão-duque, *Le Tsar Alexandre Ier*, Paris, Payot, 1931.

NOTOVITCH, Nicolas, *L'Empereur Alexandre III et son entourage*, Paris, Paul Ollendorf, 1895.

PALÉOLOGUE, Maurice, *La Russie des czars pendant la Grande Guerre* (3 volumes), Paris, Plon, 1921-1922.

_____, Roman tragique de l'empereur Alexandre II, Paris, Plon, 1923.

PALEY, princesa, *Souvenirs de Russie*, Paris, Plon, 1923.

PORTER, Cathy, *Pères et filles, femmes dans la révolution russe*, Paris, Éditions des Femmes, 1978.

RADZIWILL, princesa Catarina, *Alexandra Feodorovna, la dernière tsarine*, Paris, Payot, 1934.

_____, *La Malédiction sur les Romanov*, Paris, Payot, 1934.

_____, *Nicolas, le dernier tsar*, Paris, Payot, 1933.

RIAZANOVSKI, Nicolas V., *Histoire de Russie des origines à 1984*, Paris, Laffont, col. Bouquins, 1987.

SPIRIDOVITCH, general Alexandre, *Les Dernières Années de la cour à Tsarskoïe-Sélo* (dois volumes), Paris, Payot, 1928-1929.

_____, *Histoire du terrorisme russe 1886-1917*, Paris, Payot, 1930.

TROYAT, Henri, *Alexandre Ier, le sphinx du Nord*, Paris, Flammarion, 1980.

_____, *Alexandre II, le czar libérateur*, Paris, Flammarion, 1990.

_____, *Les Terribles Tsarines*, Paris, Grasset, 1998.

VASILI, conde Paul, *La société de Saint-Pétersbourg*, Paris, Nouvelle Revue, 1886.

VOLKOFF, Vladimir, *Les Faux Tsars*, Paris, De Fallois, 1992.

VOLKOV, príncipe Alexei, *Souvenirs d'Alexei Volkov, valet de chambre de la tsarine Alexandra Feodorovna, 1910-1918*, Paris, Payot, 1928.

WOLKONSKY, princesa Marie, *Mémoires de la princesse Marie Wolkonsky*, São Petersburgo, Expédition pour la confection des papiers d'État, 1904.

ZAVARZINE, general P., *Souvenirs d'un chef de l'Okhrana, 1900-1917*, Paris, Payot, 1930.

Obras em russo

CHACHKOV, S., *Istoria rousskoi jenchtchiny* [História da mulher russa], São Petersburgo, A. S. Souvorine, 1879.

LICHACHEVA, S., *Materialy po istorii jenskogo obrazovania v rossii* [Material para estudar a história da instrução feminina na Rússia] (4 volumes), São Petersburgo, 1890-1899.

PEROVSKI, Vassili, *1 marta 1881 goda: kasn imporatora Aleksandra II* [1.º de março de 1881: execução do Imperador Alexandre II].

TIUCHEVA, A. F., *Pri drovedvoukh imperatorov* [Na corte de dois imperadores], Moscou, S. Sabachnikov, 1928.

Direção editorial
Daniele Cajueiro

Editora responsável
Ana Carla Sousa

Produção editorial
Adriana Torres
Mariana Bard
Laiane Flores

Preparação de texto
Luisa Tieppo

Revisão
Renata Gomes

Diagramação
DTPhoenix Editorial

Este livro foi impresso em 2021
para a Agir.